TCHAD,

LES VOIES DE L'ÉMERGENCE

Collection Etudes Eurafricaines
Dirigée par André Julien Mbem

Le Sahara et la Méditerranée, frontières entre l'Afrique et l'Europe, sont aussi des passerelles par lesquelles, depuis des siècles, au-delà des tragédies et des drames, se rapprochent et se remodèlent ces deux ensembles géographiques et leurs civilisations. La collection « Etudes Eurafricaines » encourage la diffusion d'études historiques et prospectives sur les symbioses dont cette partie du monde est l'antique théâtre.

Déjà parus

G. NJANJO SIKE LOBE Roxane, *Le contrat de partenariat public-privé au regard de la théorie générale des contrats. Etude de droit camerounais à la lumière du droit français*, 2023.

J. PETER Simon Gérard et MATARI Hermine, *Les réalités de la violence au sein des organisations. Etudes de cas en milieux scolaire, académique et socio-professionnel*, 2022.

KANE Abdoulaye Bleck, *Les pratiques administratives coloniales dans les communautés religieuses en Afrique occidentale. Le cas du Sénégal (1816-1957)*, 2022.

MAIGA Mariam, *La responsabilité du professionnel de la santé en contexte africain. Etude de droit malien*, 2022.

BERTE Oumar, *La CEDEAO face aux changements anticonstitutionnels de pouvoir en Afrique de l'Ouest*, 2022.

MATABISHI NAMASHUNJU Samuel, *Education au développement durable en République démocratique du Congo. Cadre théorique et approches historique et linguistique*, 2022.

DEMOUSSA Eugénie, *Evolution de la formation des enseignants en Afrique subsaharienne. Etude comparative entre le Sénégal et la France*, 2022.

ADOUM-BAKHIT HAGGAR Hassan, *La Communauté économique et monétaire des Etats de l'Afrique Centrale (CEMAC). Les obstacles à l'intégration en zone CEMAC*, 2022.

Jérémie POGOROWA, *Retours à Ouagadougou d'étudiants burkinabè de Côte d'Ivoire. Projets migratoires et stratégies d'inscription sociale*, 2022.

AMIBIAKA

TCHAD,
LES VOIES DE L'ÉMERGENCE

L'Harmattan

5-7, rue de l'École-Polytechnique, 75005 Paris

http://www.editions-harmattan.fr

ISBN : 978-2-14-030471-2
EAN : 9782140304712

SOMMAIRE

I

D'OÙ VIENNENT LES TCHADIENS

Commençons par enfoncer une vérité simple : contrairement aux mythes répandus dans l'imaginaire populaire tchadien, ceux qui ont fondé nos anciens royaumes étaient Kanembou, Tama, Barma, Moundang, Bilala, etc. Ils étaient 100% autochtones et leurs parents n'étaient absolument ni Yéménites Ni Khoraichites.... Soyons fiers de ce qu'ils ont fait pour notre histoire et notre culture... et soyons fiers de cet héritage, et arrêtons d'être complexés par des histoires d'hypothétiques ancêtres venus du Levant...

Un internaute avec qui je discutais sur Facebook résume assez bien le traumatisme psychologique causé par l'irruption de l'Islam dans nos anciennes contrées et qui installe notre société actuelle dans le déni de nos origines. Pour ceux d'entre nous qui sont musulmans, nous sommes aujourd'hui musulmans, pratiquants et plutôt fiers de notre religion. Mais nos ancêtres étaient païens, animistes. C'est un fait indéniable. Et il n'y a pas à en avoir honte. Nos anciens royaumes avaient été créés et structurés par nos ancêtres qui étaient païens.

L'Islam aussi a été révélée dans une société païenne, animiste, et c'est ce fait historique qui fait sa beauté et son inspiration : parce que l'Islam est une religion de la transformation et du progrès social et culturel ; peut-être que si les gens comprennent que les Yéménites avaient aussi été des adeptes du paganisme avant l'arrivée de l'Islam, ils arrêteront de voir en eux les fondateurs de nos anciennes sociétés et reconnaîtront enfin à nos ancêtres tout leur mérite ? Grâce à l'Islam mais aussi grâce à nos anciens rois devenus musulmans et qui se sont mis à voyager et à découvrir le monde afin d'en emprunter le meilleur et de l'adapter à leurs sociétés, nous sommes devenus une société métisse, mélangée, pour le meilleur.

Soyons très clairs : les origines des royautés africaines sont endogènes. Les mythes fondateurs qui faisaient venir les premiers rois du Baguirmi par exemple, ou ceux du Kanem, ou ceux du Songhaï ou du Ouaddai du Yémen avaient un objectif simple : légitimer les premiers rois, qui devaient faire face à une forte accélération de l'islamisation de leurs compatriotes. Ainsi, créer un lien avec la péninsule arabe, voire avec le Prophète (PSL) dans certains cas (dans beaucoup de pays africains, on ira par exemple jusqu'à créer de toutes pièces des chérifs, sortes de personnages légendaires qui auraient été capables de résister aux flammes, ce qui prouverait leur filiation au Prophète - PSL) permettait de se donner une légitimité, et de faire découler l'origine du pouvoir de Dieu.

Ces mythes avaient donc un objectif purement politique et ils ont plutôt bien marché. Ils avaient permis aux premiers rois d'asseoir leur autorité, et aux peuples de se donner une destinée cosmique qui ferait remonter leurs origines à une histoire commune, celle de l'Islam. Les rois et les Imams pouvaient ainsi dormir sur leurs deux oreilles : l'opium des peuples fonctionnait...

Mais ces mythes des origines avaient aussi aidé les théoriciens du racisme qui affirmeront que rien de bon ne pouvait venir d'Afrique....puisque nos rois eux-mêmes viendraient du... Yémen ! C'est donc l'autre versant de l'histoire, et il est nécessaire de s'en souvenir. Les mythes servirent les rois et les religieux... mais ils firent d'autres dégâts... qui n'avaient pas été prévus... et dont nous payons encore le prix aujourd'hui.

Accepter de perpétuer ces mythes fondateurs dans les formes pernicieuses qu'ils ont fini par prendre alors qu'on sait pertinemment aujourd'hui qu'ils ne sont que des contes et légendes qui servirent à légitimer des pouvoirs royaux, mais aussi à consolider les tissus sociaux et culturels (c'est dire que ces mythes avaient eu leur utilité en leur temps), c'est accepter l'idée stupidement raciste selon laquelle les Africains sont incapables de créer des sociétés complexes. Ce qui est erroné.

Aucun de nos anciens rois ne venait du Yémen. Ils étaient tous Africains... Ils étaient Kanembou, Bilala, Keñga, Tama, Mimi, Daza, Barma, Mboum, Sar, Moundang, Kouka, Toumak, Gor, Dadjo, etc., n'en déplaise aux promoteurs de la négation de la capacité des Africains à faire l'histoire.

Les premiers rois de nos contrées ancestrales étaient donc bien de chez nous... et ils avaient créé nos anciens royaumes, sans l'aide d'aucun bonhomme venu du Yémen ou d'une quelconque autre contrée de la péninsule arabique.

Et pour conclure, je dois ajouter que les seules chefferies qui venaient de la péninsule arabique étaient celles des tribus arabes, qui avaient commencé leurs migrations vers l'Ouest et depuis l'Arabie il y a un peu plus de 8 siècles... et finiront par atteindre le Bassin du Lac Tchad il y a environ 500-600 ans. Mais aucune des 60-62 tribus arabes qui migrèrent vers le Tchad ne s'est targuée d'avoir créé un quelconque royaume, ou contribué à le faire. Ces tribus se sont simplement moulées dans les masses, paisiblement, et se sont métissées, créant au final l'exceptionnel melting-pot linguistique et culturel qu'est devenu aujourd'hui l'ethnie arabe tchadienne qui est bien tchadienne, et d'origine tchadienne !

II

LA DÉMOCRATIE EST-ELLE TCHADIENNE ?

David Stasavage dit clairement que l'Afrique était bien démocratique avant l'ère moderne... Il dit aussi et surtout, à quel point la mesure de la maturité démocratique, telle qu'elle est effectuée aujourd'hui, peut fausser les choses... Et il explique pourquoi il est crucial et comment allier l'exigence de la participation populaire aux affaires publiques avec les contraintes inhérentes au système bureaucratique, qui est au centre de l'infrastructure gérante de l'Etat... Il montre enfin la nécessité qu'il y a à limiter le pouvoir du système bureaucratique, et à créer les espaces indispensables à une plus grande participation populaire aux processus de prise de décisions politiques. Le livre est paru récemment et je n'en ai pas vu de traduction française... Je le recommande en tout cas vivement à tous et à toutes celles qui se soucient des changements actuellement en cours en Afrique et au Tchad...

Remis dans le contexte tchadien, nous pourrons observer les faits suivants : le Bassin tchadien a été durablement structuré, jusqu'au début du 20e siècle, par le développement et l'expansion de l'empire du Kanem-Bornou, la plus ancienne royauté tchadienne, le royaume du Waday, celui du Baguirmi, mais aussi, sur des échelles moins grandes mais toutes aussi profondes, ceux des Bilala au Fitri, le royaume de Lere, et les principautés Kotoko du Chari Baguirmi. Il faudra aussi rappeler ici que les migrations arabes dans le bassin tchadien, commencées aux alentours du 1er siècle, ont très certainement continué à réformer et restructurer sur le temps de l'histoire les sociétés du Bassin du Tchad. Une analyse comparée des trajectoires des différents royaumes tchadiens, et des sociétés dites segmentaires du Sud ou du Nord (Sar, Ngambaye, Toubous, etc.) montre que malgré les différences en termes d'institutions, une permanence demeure : le pouvoir n'a jamais été absolu, ni dans les empires et royaumes, ni dans les sociétés à institutions segmentaires.

Le pouvoir a toujours été contrôlé. En effet, suivant la logique de Stasavage, et les observations des historiens du Bassin tchadien, l'ensemble des hégémonies tchadiennes anciennes avaient conçu et mis en place des pouvoirs avec les caractéristiques suivantes : un noyau central, géré par une personne soutenue par un conseil ; le conseil pouvait être un conseil des anciens, ou un conseil de notables. Il pouvait aussi être un conseil construit autour des spécialistes et des divisions professionnelles. D'autre part, chaque membre du conseil, très souvent, contrôlait en partie ou en totalité une parcelle importante des pouvoirs, à travers la légitimité que lui conférait son rôle.

Ainsi, les chefs de terre, en pays Sara par exemple, exerçaient un pouvoir certain et efficace sur l'attribution des parcelles, et sur leur gestion. Ce n'était pas le rôle du chef. Dans le Waday, ou encore dans le Baguirmi ou dans le Kanem, le notable en charge de la guerre était celui qui pouvait mobiliser les hommes, et lever des armées. La Justice n'était pas forcément exercée par le roi : dans l'hégémonie où le roi avait embrassé l'islam comme religion, et où celle-ci était devenue la religion de la cour, la justice était rendue selon le droit islamique. Mais le plus intéressant se trouve sans doute dans les processus de succession : dans toutes les hégémonies tchadiennes, la succession était une affaire complexe savamment réglée et qui faisait intervenir non seulement les notables vivants, mais aussi et surtout les ancêtres, et quelquefois les totems. En réalité, les successions étaient effectuées selon des rites anciens, pré-islamiques dans la plupart des cas, et qui garantissaient la construction d'une légitimité nécessaire au règne du nouveau souverain. Dans d'autres endroits, comme chez les Moundang de Léré par exemple, le souverain devait même rester sur le trône pour une durée limitée et si à la fin de la période édictée par la coutume, il ne mourrait pas, il était simplement mis à mort.

On le voit clairement, les systèmes et les institutions des pays du Bassin tchadien privilégiaient la légitimité, en lieu et place de la force. Il était difficile dans ces contextes d'usurper le pouvoir royal. Il était tout aussi difficile d'en abuser. Il est clair toutefois que ces anciens royaumes n'étaient pas démocratiques au sens moderne du terme, avec un gouvernement et un souverain qui régnaient selon la volonté populaire.

Mais il est tout à fait possible que les souverains, bien que régnant par la volonté des notables et des rites ancestraux, n'avaient ni pouvoir absolu, ni capacité de coercition infinie. En fait, eux-mêmes étaient soumis à des rites, des interdits et des règles qui organisaient leurs comportements, leurs prises de décision, et leurs vies quotidiennes. Les prises de décision étaient généralement collégiales, et rien n'indique que le dernier mot revenait toujours au souverain.

En fait, tout porte à croire que celui-ci, qui était le dépositaire des pouvoirs des ancêtres, contribuait à la prise de décision au même titre que les autres notables. La collégialité, et le consensus, devaient être les facteurs probants de toute prise de décision.

III

POUVOIR ET CONTRE-POUVOIRS : LE MPS ÉTAIT-IL UN TAMPON ANTI-MIDI ?

Le MIDI avait systématiquement et consciencieusement démoli les trois piliers qui font la force d'un régime autoritaire : l'armée, le parti unique, et l'administration centrale.

L'objectif était simple et extrêmement opératoire : une quasi dictature qui repose sur une armée solide, une administration solide et un parti unique solide est une dictature qui a des chances de marcher et de faire progresser un pays ; mais surtout, ces trois éléments, quand ils fonctionnent bien, limitent les penchants autocratiques, les dérives personnelles trop poussées et peuvent, s'ils décident d'assumer leurs responsabilités devant l'histoire, mettre hors-jeu leur patron.

En s'assurant de l'affaiblissement institutionnel de l'armée, et de la déstructuration de l'administration publique centrale, le MIDI put garder le pouvoir pendant trois décennies, et s'assurer de ne jamais être mis hors-jeu par des moyens institutionnels. Mais cette prouesse aura été rendue possible parce qu'il s'était assuré que le MPS, son parti-État, continue de fonctionner d'une certaine manière. Le MPS était aussi une espèce de tampon, et un espace flexible dans lequel pouvaient émerger et fonctionner de manière relativement autonome et discrète une petite quantité de contre-pouvoirs, indispensables pour maintenir l'équilibre nécessaire au fonctionnement de la dictature quasi personnelle du MIDI.

D’autre part, en contrôlant l’Assemblée nationale, le MPS servait aussi à maintenir allumés quelques signaux comme quoi le Tchad n’était pas tout à fait un régime autocratique... en gros, le MIDI ne pouvant pousser plus loin son avantage, il préfèrera consciemment une situation d’équilibre fragile mais suffisante pour son maintien au pouvoir. Cela lui réussira, et pendant trente années, il fut le métronome absolu de la gestion des carrières politiques et administratives dans le pays, mais aussi économiques, bougeant les gens et les postes au gré de ses humeurs mais aussi et surtout en fonction de ses objectifs immédiats… on peut donc dire, sans trop de risques, que si Deby était puissant, il n’était pas encore tout-puissant ! Ceci a changé avec l’avènement du PCMT au pouvoir en avril 2021…

En s’installant au pouvoir en 2021, sous le prétexte accepté malgré tout par les Tchadiens de vouloir sauver le pays d’un chaos certain, le PCMT entama son exercice du pouvoir dans des conditions uniques dans l’histoire très jeune du Tchad : une armée affaiblie, et donc malléable ; une administration affaiblie, et donc corvéable, et un parti…qui a disparu ! La quasi-disparition du MPS de la scène politique tchadienne apparaissait comme une bonne nouvelle pour l’ensemble de la classe politique tchadienne. Le parti, qui constituait le vivier de pêches du MIDI, et fonctionnait aussi comme son réservoir tampon lors des crises institutionnelles avait réduit méthodiquement ses opposants en esclavage : esclavage financier, ou asservissement matériel.

A l’exception notable des transformateurs qui tentaient d’apprendre à nager, et de l’UNDR dont le leader maintenait la tête hors de l’eau, la majorité des partis dits d’opposition étaient des alliés du MPS, et leurs sigles semblaient être de simples sobriquets pris pour pas qu’on dise qu’ils étaient des clones appauvris du MPS. Or, la disparition du MPS signait aussi la disparition de tous ses rejetons bâtards, puisque ceux-ci vivaient une existence de charognards, festoyant sur les restes cadavéreux que le grand parti voulait bien leur jeter : plus de MPS, zéro argent, et donc fin de vie ! GAME OVER comme on dit…

Le CMT, en s'accaparent du pouvoir, avec la bénédiction à peine voilée de l'opposition officielle facticement entretenue par le MPS, ne s'attendait sans doute pas à une telle situation de vide : un vacuum institutionnel, politique, administratif mais aussi finalement militaire. Mais son équipe prendra très vite conscience de l'opportunité qu'offre un contexte aussi inédit, celui de la politique à partir du vide : en effet, un parti affaibli et en agonie, c'est un verrou de contrôle qui saute ; une administration moribonde et empoisonnée, c'est un élément de contre-pouvoir qui s'écroule ; enfin, une armée perçue comme essentiellement clanique, c'est l'assurance de pouvoir compter sur ces hommes durant toutes les épreuves, puisque leur chef est leur seul salut… leur seul verrou protecteur contre une éventuelle colère d'une populace affamée et qui n'aurait plus rien à perdre; plus d'Etat donc, et un pouvoir qui passe du statut de pouvoir quasi absolu au statut de pouvoir absolu…

Cet absolutisme du désordre se traduisit tout de suite dans les faits par la nomination d'un parlement…dont les membres, sans rire une seule seconde, se firent appeler "représentation nationale"… mais la volonté absolutiste ne s'arrêtera pas là : malgré son affaiblissement par le MIDI, l'administration centrale semble encore avoir gardé quelques os de son squelette: il faut détricoter tout cela… et tout doucement mais avec une assurance qui ne peut exister que dans un pouvoir absolu convaincu de son droit du plus fort, on se met au travail : presque 2000 décrets de nominations en 15 mois, nommant et dégommant en même temps pas moins de 10,000 personnes, avec au total un chamboulement complet de l'ensemble de l'appareil administratif du pays…ce tremblement, qui ressemble à tous points de vues à une mise à sac, s'effectue tranquillement avec comme moteur le prêche étrange de rajeunissement de l'appareil d'Etat; il permettra surtout de mettre la fonction publique les deux genoux à terre…

La situation du Tchad est désormais comme suit : une armée affaiblie, une administration désarticulée, un parti quasi unique désossé, une "représentation nationale" de copains, une opposition politique affamée, une société civile kwachiorkorisée, et face à tout cela, un pouvoir extrêmement fort…

IL N'Y A DÉSORMAIS PLUS DE CONTRE-POUVOIRS ET le CMT est probablement le premier régime tchadien qui ait accédé au statut de Jupiter de groupe…il revient donc à ses membres de savoir lire l'histoire, au risque de devoir lire l'heure le moment venu…

IV

TROIS ÉVÈNEMENTS, TROIS INTERROGATIONS…

L'année 2021, trois événements, en moins de dix jours… Trois événements symptomatiques de ce qui fait notre Tchad d'aujourd'hui, un Tchad malade et presque en déshérence…

Le premier, parti d'un geste anodin du conseiller du président du CMT, un geste d'agacement diront certains, un manque de respect diront d'autres… En effet, suite aux recommandations de ses conseillers, la ministre de l'enseignement supérieur décide d'annuler un concours d'accès à l'école de médecine de l'université Fayçal… Mais en fait, il n'y avait même pas encore d'école de médecine dans cette université…

Les négociations pour la création de cette faculté de médecine avançaient doucement, et les techniciens du ministre de la santé faisaient tranquillement leur travail de validation, afin d'autoriser la création de cette faculté… mais voilà, le président de l'université, sans doute jouant de son statut de conseiller du CMT, décide de lui-même de donner un coup d'accélérateur au processus en organisant un concours national sans l'autorisation préalable des ministères de tutelle, mais surtout, avant même la création de la fameuse école de médecine pour les étudiants de langue arabe.

Mise devant le fait accompli, et face à la gravité d'une démarche dénuée de tout bon sens administratif, la ministre tranche, et annule le concours. Mais le président de l'Université ne l'entend pas de cette oreille. Il se met à jouer un jeu dangereux, conteste publiquement la décision de la ministre, et appelle même à manifester contre elle. On croyait que le gouvernement tchadien était un bloc uni… En contestant l'autorité administrative de la ministre, et en appelant la vindicte populaire sur elle, il se mit immédiatement à dos l'ensemble de la *netosphere* tchadienne… Résultat des courses, son patron se sépare de lui, en deux temps, mais dans la même journée. En quelques heures, celui qui avait été ministre de la Santé et s'était attiré les foudres des médecins, et conseiller à l'enseignement supérieur du MIDI et avait cafouillé les listes des bourses de médecine pour Cuba, mais qui malgré toutes ses bourdes avait réussi à garder son poste, se voit éjecté brutalement des deux postes qu'il occupait jusqu'alors. Le Facebook et Twitter tchadien se remplirent alors d'images de maïs grillés… comme pour chanter le bonheur de voir enfin le PCMT agir contre une des personnes qui se croyaient intouchables dans ce pays…

La même semaine, au moment même de l'épilogue de l'épisode Massar, une fuite impromptue jette sur le net une copie d'un projet de budget du CMT pour les trois prochains mois… d'un coût total de presque 10 milliards de CFA, le projet de budget énervera tous les Tchadiens ; et pour cause, des ordinateurs à 1,5 millions de CFA, des photocopieuses à 18 millions de CFA, et plus de 190 voitures pour une assemblée qui un comité de 93 membres… le brouhaha terrible qu'a suscité ce projet de budget forcera le PCMT en personne à Twitter et à rappeler les règles d'orthodoxie budgétaire… Mais le CMT n'a visiblement pas encore dit son dernier mot, puisque le PCMT, attendu sur ce coup, a préféré jouer les sorciers absents… puis, l'affaire du budget encore chaude sur toutes les lèvres, l'affaire du Mandoul éclate…un groupe d'anciens et de chefs dits traditionnels de cette région du

Tchad décide de formaliser une pratique de réparations civiles en cas de meurtres…

Le groupe, se faisant, souhaitait sans doute donner des gages de cohésion sociale en essayant de copier ce que d'autres groupes ethniques musulmans pratiquaient, c'est-à-dire la Diya… Mais le problème ici, c'est que la communication autour de cette intention s'est très mal passée… On peut ainsi lire dans le document publié par les internautes qu'en cas d'homicide volontaire, les réparations civiles s'élèveraient à 1,5 millions de FCFA… On se demande d'où sort cetté somme, et pourquoi… Dans tous les cas, Internet s'est ému de cette énième bêtise…

En effet, la communication autour de cette décision unilatérale peut faire croire que la somme de 1,5 millions aurait pour but d'éteindre toute procédure pénale. Or ce n'est pas le cas. D'autre part, les internautes feront remarquer que si dans les sociétés qui pratiquent l'Islam comme religion, les principes de réparations civiles sont acceptés, ils ne le sont que dans des cas d'homicide involontaire : la loi musulmane n'accepte en effet aucune réparation pécuniaire pour les cas de meurtre. C'est la loi du talion qui s'applique, normalement, si on était dans un régime de charia. Mais alors, d'où sort donc ce syncrétisme bizarre ? Personne ne peut valablement répondre à la question… Dans tous les cas, ces trois événements, pas liés les uns aux autres, amènent à se poser trois questions, sur le Tchad : existe-t-il encore un État au Tchad ? Et Que se passe-t-il au gouvernement de transition ? On est en droit de se poser cette question, quand un conseiller du chef de l'Etat se permet d'organiser des concours administratifs sans autorisation, et menace le ministre en charge des concours. On est en droit de se poser cette question, quand un conseiller du chef de l'Etat appelle les gens à manifester contre un ministre. Et finalement, quelle est la valeur de notre système judiciaire dans la mesure où désormais tous les chefs dits traditionnels peuvent créer des lois, rendre justice et décider d'emprisonner ou pas des citoyens ?

Le Tchad traverse une phase de transition difficile. En fait j'ai envie de dire que nous sommes en transition depuis plus de 32 ans. Mais ces 30 années de transition, ont rendu le corps Tchad plus malade encore… Une société dont le gouvernement est dysfonctionnel, avec des membres qui se bagarrent sur la place publique, une justice qui a démissionné, permettant à n'importe quel charlatan de décider du droit de dire le droit ; une justice surtout qui ferme les yeux sur les abus et les crimes de personnages qui se croient au-dessus des êtres humains ; une représentation nationale complètement hors sujet, qui préfère planifier d'acheter des photocopieuses à 18 millions, et acheter 190 véhicules de fonction pour 93 personnes… dans un pays qui manque de simples scanners dans ses hôpitaux… Nous pensions que le décès du MIDI ouvrait de nouvelles portes, des portes de l'espoir…

Mais visiblement, ce nouveau terrain a déjà été pris en otage par les mêmes travers que ceux qu'on avait déploré à l'époque du MIDI… trois événements, trois symptômes d'une société malade. Le médecin autoproclamé et des assistants ont du pain sur la planche. En limogeant son conseiller et en mettant un arrêt aux délires du CMT, il veut sans doute montrer qu'il est capable de contrôler les choses… mais ce n'est pas suffisant.

V

LE MENSONGE DU VIVRE ENSEMBLE

Deux gamins sont morts suite à une banale affaire de bagarre… en principe, dans n'importe quel autre pays sur terre, on va s'en émouvoir, on cherchera à comprendre comment on en est arrivé là, et on discutera sur les moyens de prévention à mettre en œuvre pour éviter des drames similaires… mais pas au Tchad !

Trois mois auparavant, un autre enfant avait été tué dans une bagarre entre enfants de son âge, à l'école… un endroit en théorie sécurisé, propice au développement des enfants… et quelques mois auparavant, toujours dans une école, un autre enfant tuait cette fois-ci un de ses enseignants… et en remontant dans le temps, juste de quelques mois, on pourrait multiplier les exemples macabres de bagarres ayant entraîné morts d'enfants, d'hommes et de femmes.

La mort violente est une donnée culturelle quotidienne du Tchadien : chaque jour, chaque semaine, on entend parler de morts, de meurtres, d'assassinats… la violence est tellement banale qu'un homme qui se fait enlever et castrer pour avoir eu une relation avec une fille devient victime de quolibets et de moqueries… parce qu'il n'en est pas mort.

Au Tchad, personne ne cherche à compatir avec les victimes et leurs familles, sauf si bien sûr ces victimes sont nos proches. En général, on va d'abord chercher à savoir "ce qu'il (la victime) faisait là"; on essayera d'expliquer "qu'elle n'aurait pas dû faire ça"; on dira aussi "qu'elle savait très bien ce qu'elle faisait"; on ajoutera "que les gens à qui il/elle avait affaire ont la violence dans le sang"; on philosophera sur le destin et on conclura que "tout ça c'est la faute au gouvernement, au CMT", qui "encourageraient" la violence et l'impunité.

Il n'y a plus d'humanité dans ce pays, pourrait penser un observateur extérieur. Chaque meurtre est d'abord décrit puis soupesé à l'aune de l'appartenance tribale et ethnique de la victime, et du bourreau. On réagira en fonction de ce que l'on "ressent" sur la base de "liens de sang" ou de liens "tribaux". Et très souvent, on ira condamner ou critiquer… toujours en fonction de ce que l'on pense "ressentir"…

VI

POUR CONTINUER, COMMENT UN PEUPLE PERD-IL SES COUILLES ?

"Si le « monde arabe », plus particulièrement sa partie moyen-orientale, est en train d'être recolonisée, c'est qu'il était « colonisable » écrivait Béchir Ben Yahmed dans son éditorial du 5 Mars 2005 dans *l'Intelligent.com.* La même phrase pourrait être appliquée avec plus ou moins de bonheur à l'analyse du cas tchadien. Si les Tchadiens chaque jour qui passe courbent l'échine un peu plus, c'est que leur déterminisme les destine peut-être à le faire. Si les Tchadiens sont encore le peuple le plus retardé d'Afrique, c'est parce que leur parcours historique, de même que leurs structures sociales et culturelles actuelles les destinaient peut-être à demeurer les derniers de la course à la modernité. Si Hissein Habré, puis Idriss Deby Itno se sont imposés par la force et la bêtise avec une facilité aussi déconcertante aux Tchadiens, c'est que les Tchadiens étaient peut être « soumissables »?

En guise d'illustration je vous recommande une lecture : *Les Pays du Tchad dans la Tourmente* de Jean Claude Zeltner, ouvrage paru il y a plus de deux décennies, décrivant les évènements intervenus dans la période 1880-1902 dans le Bassin tchadien. Le Livre de Zeltner qui fait la part belle à la narration des faits d'armes des principaux protagonistes des guerres coloniales effectue aussi un détour temporel et interroge les deux ou trois siècles ayant précédé le début du fait colonial dans les pays du Bassin du Lac Tchad. Il interroge avec beaucoup de lucidité les systèmes sociaux et culturels des grands regroupements d'alors : le Kanem-Bornou déclinant, le Ouaddaï dans son apogée, et le Baguirmi déjà dans la force de l'âge.

Il nous livre une photographie saisissante d'une portion de l'histoire en plein déclin, un tableau humaniste d'une région du monde où l'esclavage et la chasse à l'homme sont considérés comme des vertus. Une enclave d'Afrique abritant des sociétés certes ayant été toujours en contact avec le monde extérieur mais où curieusement les peuples et les choses sont demeurés encore intacts. L'arrivée de l'Islam d'abord, puis l'irruption brutale de Rabbeh bientôt suivi des Européens va bouleverser définitivement l'ordre des choses dans ce monde vaste comme l'Europe.

Si au Cameroun voisin, ou encore au Congo ou au Sénégal, la pénétration européenne s'est effectuée graduellement (premiers contacts marchands avec les côtiers, ensuite les missionnaires, puis après les colonisateurs), l'immixtion des Européens dans les affaires des pays du Bassin tchadien s'est faite en une seule étape. Bien sûr il y a eu Barth, il y a eu aussi Nachtigal et quelques autres explorateurs. Mais ce n'était alors que des missions scientifiques, et pas grand-chose. Les Européens ont fait irruption dans cet espace au moment où il commençait sa recomposition. Autrement dit, entre 1880 et 1902, les pays du Tchad étaient en pleine révolution politique, culturelle et sociale. Les structures sociales, vieilles de plusieurs siècles, avaient commencé leurs mues, et les perceptions/représentations culturelles, complètement déphasées, avaient commencé, avec les bouleversements qu'implique l'arrivée violente de Rabbeh, à se transformer.

Des sociétés complètement fermées, construites sur une perception différente de l'homme commençaient à s'ouvrir et à évoluer. Et cela malgré les réticences des princes d'alors. Mais tout le processus s'est trouvé brutalement arrêté. Que s'est-il donc exactement passé ? Je ne pourrai pas relater les événements ni donner leur chronologie ici. Il faudra toutefois noter les points suivants :

D'abord, sociétés agraires aux économies essentiellement basées sur la chasse à l'homme et sa revente, les royaumes du Bassin tchadien ont vu entre 1880 et 1902 tarir leurs plus grandes sources de revenus (l'esclavage) du fait de Rabbeh d'abord, puis des Européens ensuite.

Ensuite, sans ressources suffisantes donc, et toutes déjà au crépuscule de leur vie, les sociétés du Bassin tchadien n'avaient plus la force, ni la volonté de vraiment résister, à l'exception notable du Ouaddai. Elles ont d'ailleurs essayé, mais sans succès.

Enfin, pour la plupart des peuplades nomades soumises au joug esclavagiste de ces empires déclinants, l'arrivée de Rabbeh puis des colons représentaient une planche de salut que la providence semblait leur avoir tendu (quoiqu'ils se trompaient encore). D'où les ralliements massifs aux troupes de Rabbeh puis les enrôlements dans les armées coloniales pour combattre le Baguirmi (Rabbeh) ou soutenir les campagnes « punitives » françaises contre le Ouaddaï, le Kanem – Bornou (à moitié défait par Rabbeh d'ailleurs).

Entre 1880 et 1902, la situation politique et sociale des pays du Bassin tchadien les rendait donc facilement colonisables. Si j'ai volontairement refusé d'évoquer la supériorité technologique et militaire des colons ou des troupes de Rabbeh pour insister sur l'analyse des structures sociales et politiques/culturelles pendant cette période trouble, c'est surtout pour pouvoir établir une relation entre cette époque et les années 1979-1982.

Mille neuf soixante-dix-neuf (1979) marque la fin du processus de pourrissement des institutions politiques et administratives tchadiennes. Processus de pourrissement lui-même déclenché par Tombalbaye, et clairement poussé par le Frolinat. Au moment où Hissein Habré devenait Premier ministre en 1979, tous les éléments étaient réunis pour faire sauter la république tout entière : un peuple aux abois parce que profondément blessé par plusieurs années d'une guérilla meurtrière et une politique gouvernementale brutale et répressive, des structures économiques complètement brisées, et une administration qui n'existait plus que sur le papier.

Si les appels à la haine tribale et ethnique de certaines voix ont été positivement reçus en 1979 par une partie des populations de N'Djamena, c'est parce que plus personne à ce moment-là n'avait rien à perdre. Il devenait donc facile de récupérer le Tchad sans coup férir puis de le mettre en coupe réglée. Si Kamougue avait eu la force des armes et la combativité nécessaire chez ses hommes à ce moment-là, il est indéniable qu'il aurait remporté la première bataille de N'Djamena. Mais rien n'aurait changé aussi, puisque Kamougue, aussi bien que Habré, visaient le même objectif, la même finalité : la captation du pouvoir au profit de celui qui aura réussi à le prendre. On aurait toujours eu notre Mobutu tchadien !

Si entre 1990 et 2022, Idriss Deby Itno était parvenu sans trop de peine à garder le Tchad dans sa poche comme on dit vulgairement, c'est que la situation qui prévalait en 1990 rendait cela possible : un peuple fatigué après trente années de guerres civiles et de terribles ponctions démographiques, des structures sociales / culturelles complètement anachroniques, des consciences en guerre avec elles-mêmes. Et si la situation perdure jusqu'à aujourd'hui, c'est que les Tchadiens dans leur immense majorité restent toujours ces malades de l'histoire, sans repères. Conséquence de notre histoire ? Peut-être. Mais ceci ne nous dédouane pas du tout.

VII

DAVANTAGE D'INTERROGATIONS…

Le Tchad se trouve aujourd'hui à la croisée des chemins. La mort subite du président Deby semble avoir mis le pays sur une double trajectoire : une accélération de l'ouverture du champ politique, et aussi une accélération des contradictions historiques auxquels les Tchadiens ont dû faire face durant les soixante dernières années. L'accélération de l'ouverture du champ politique se caractérise par un appel pressant et nécessaire à la réconciliation nationale. Or celle-ci requiert au préalable d'interroger le passé, mais aussi le présent, d'établir un bilan sans tabous de notre histoire récente, de définir les responsabilités individuelles et collectives, et de rendre justice. Cet appel à la réconciliation nationale doit toutefois faire face aux contradictions historiques qui ont érodé notre pays durant six décennies : les ambivalences culturelles, la forme de l'Etat, le caractère extractif de celui-ci, la faiblesse de la gouvernance, l'injustice, la pauvreté, etc.

Le Tchad est un pays pauvre. Les statistiques sont nombreuses à cet effet. La pauvreté, conséquence directe des problèmes de gouvernance et du système extractif en place depuis six décennies, contribue à l'exacerbation des sentiments d'injustice que ressentent les citoyens tchadiens, et à la cristallisation des mécontentements qui prennent la forme d'antagonismes régionaux, culturels, ethniques et confessionnels.

Les phénomènes de changements climatiques, en entraînant une dégradation de l'environnement, alliés aux insécurités créées par des situations régionales instables, ont entraîné un accroissement constant des exodes ruraux. La démographie, avec un taux de croissance supérieur à trois pour cent, et des taux de fécondité parmi les plus élevés, à radicalement modifié le visage du Tchad. Les Tchadiens sont désormais jeunes, avec un âge médian de 15 ans, ce qui signifie que 75% des citoyens du pays sont nés après 1990.

La génération nouvelle n'a connu ni les événements douloureux des années 70 et 80, ni les mouvements de rébellions révolutionnaires et identitaires. Elle a comme unique expérience politique la période 90-2020, caractérisée par un multipartisme formel, des élections pluralistes mais toujours contestées, et un rétrécissement des champs politiques autour des thèmes régionaux, voire ethniques. L'injustice sociale est de plus en plus ressentie, et dans un contexte de pauvreté généralisée, l'autre, celui qui n'est pas de ma communauté est présenté facilement comme le bouc-émissaire, responsable des maux dont je souffre.

La mort du président Deby entraîne immédiatement une reconfiguration du paysage politique. Les forces en présence sont en pleine recomposition. Le Conseil Militaire de la Transition (CMT), en prenant le contrôle du pouvoir exécutif suite au décès du Maréchal Idriss Deby Itno (MIDI), s'est toutefois engagé à conduire une transition souple et inclusive, faisant de la place à l'opposition civile, et invitant les oppositions armées à négocier les conditions de leur retour à la vie civile. Le CMT, malgré le contrôle de l'exécutif, reste toutefois incapable de contrôler à 100% et de manière unilatérale, l'ensemble des leviers du pouvoir. Il faudra toutefois noter que le CMT refuse jusqu'à présent d'être défini comme un acteur politique, préférant un rôle de conducteur de la transition.

Face au CMT, les groupements politico-militaires s'activent et se réorganisent. Et s'ils ont été ralentis dans leurs actions armées, ces groupes restent encore redoutables dans une situation sécuritaire fragilisée. S'ils ne sont pas des adversaires directs du CMT, leur présence sur le terrain relativise la puissance militaire de celui-ci.

Face au CMT, encore, l'opposition civile classique. Celle-ci a fini par accepter et acter le principe de sa participation effective à un gouvernement de transition. Elle constitue à ce jour un important verrou qui rend impossible le contrôle absolu du pouvoir par le CMT. Sa participation au gouvernement de transition, diversement appréciée, lui permettra de consolider ses forces, de renforcer ses positions.

À côté de l'opposition civile classique, une opposition radicale, qui a vu le jour récemment, et qui refuse de participer au processus politique de la transition dans sa forme actuelle, joue un rôle de tenseur, soufflant le chaud et froid. Cette opposition, plutôt minoritaire en ce moment, défend une nouvelle approche de la politique, qui semble de plus en plus séduisante aux yeux des plus jeunes. Elle prône le changement radical, le remplacement des élites, et éventuellement, dans le cas où elle ne réussirait pas à s'imposer, une politique de la sécession, dans le cas extrême, ou un pas vers un fédéralisme poussé.

Un autre acteur majeur est la société civile. Celle-ci s'est toutefois auto sabordée, durant plusieurs années, en prenant position pour le pouvoir ou pour l'opposition, s'éloignant ainsi de fait de son rôle de médiateur entre les acteurs politiques, et de facilitation de la prise en compte des voix citoyennes dans les processus de prise de décision. En l'état actuel des choses, et à cause des antagonismes politiques en cours et desquels la société civile n'a jamais réussi à s'éloigner, sa voix est devenue difficilement audible.

De ce qui précède, on peut estimer que les préoccupations légitimes des Tchadiens se résument aux points suivants :

1. *Conduire une transition inclusive et effective ; mais comment ?*

2. *Entamer un processus rigoureux et transparent de vérité, justice, réconciliation et reconstruction ; mais comment et dans quelles conditions ?*

3. *Conduire un processus de rétablissement de la justice sociale. La justice sociale ici peut être définie comme l'accès juste aux biens et services publics, une répartition équitable des projets publics et une répartition équitable des responsabilités publiques aussi dans les institutions de l'Etat et dans la fonction publique. Toutefois, comment conduire un tel processus dans un pays caractérisé par une violence endémique, qui semble désormais inscrite dans nos cultures ?*

4. *Utiliser la transition pour repenser le développement. Le plan idéal, mais comment penser le développement, et avec qui ? Et surtout, dans quelles conditions ?*

5. *Utiliser la transition pour reconstruire des institutions et les rendre autonomes vis-à-vis des aléas politiques. Les Tchadiens doivent d'abord s'entendre sur les types d'institutions dont ils ont besoin. Mais encore une fois, dans les conditions actuelles de sécurité et de mal vivre ensemble, comment penser des institutions communes ?*

6. Utiliser la transition pour repenser l'armée et la sécurité. C'est le rêve de tous les Tchadiens ; toutefois, on ne balaie pas 60 années de militarisation clanique en quelques mois. Comment et dans quelles conditions, et avec qui construire cette armée nationale ?

7. Utiliser la transition pour repenser le système éducatif : le monde change, et le système éducatif tchadien n'a quasiment pas changé en soixante ans ; mais comment construire un système nouveau ? Avec quels modèles ? Quelles références ?

8. Utiliser la transition pour repenser le modèle économique est une exigence ; mais ici aussi, comme pour les points précédents, les mêmes questions reviennent.

9. Utiliser la transition pour repenser la question de l'égalité et de l'équité des genres : mais comment penser une égalité des genres, en termes d'égalité d'accès aux biens et aux services publics, en termes d'égalité face à la justice, dans un contexte caractérisé par une violence sociale et culturelle généralisée et endémique ?

10. Utiliser la transition pour reconstruire une politique effective de la participation des jeunes et de la diaspora dans les processus de prise de décisions publiques: dans un contexte où les jeunes sont utilisés au mieux comme militants pour remplir des salles de meeting, et au pire comme de la chair à canon dans nos bagarres pour le pouvoir, comment repenser la participation des jeunes générations aux prises de décisions politiques, de manière efficace, non violente, constructive et innovante ?

Les dix points énumérés et les questions qui les suivent ne sont pas exhaustifs. Toutefois, il ressort que la mise en œuvre effective de la transition pourra être jugée à l'aune des critères suivants :

1. La tenue d'une conférence nationale souveraine (Dialogue National Inclusif et Souverain, DNIS) qui pensera la forme de l'Etat, les mécanismes de gouvernance, la réforme du secteur de la sécurité et de la défense ainsi que leur gestion sur le long terme ;

2. La tenue d'élections transparentes et rigoureuses ;

3. La forme de l'Etat ainsi que les institutions pouvant permettre de pérenniser un système démocratique populaire et participatif solide ;

4. La réforme de la fonction publique.

Les sujets relatifs à la forme de l'Etat et au système électoral vont certainement cristalliser toutes les attentions. Le système institutionnel tchadien, actuellement centralisé en pratique, même si en théorie, il est censé être décentralisé, est considéré par beaucoup d'observateurs comme étant l'une des causes des dysfonctionnements en cours.

En effet, la centralisation pratique du pouvoir et sa pratique de redistribution basée sur les équilibres régionaux et ethniques ne semble pas avoir créé les effets positifs attendus. Le Tchad futur devrait-il être fédéral, décentralisé à l'extrême, ou unitaire et décentralisé ?

Les acteurs politiques et les observateurs qui analysent la question prennent souvent une approche historique et juridique, occultant de fait le caractère psychologique de la question. L'Etat tchadien, dans sa forme et sa pratique actuelles, est largement perçu comme un gâteau à se partager, et que doivent se partager ceux qui le contrôlent.

D'une certaine manière, le système en place, de nature extractive, porte en lui les germes de ses propres échecs. Et tenter de le réformer sans interroger les soubassements sociaux, culturels et psychologiques qui prévalent à la pratique du pouvoir ne permettra guère de suggérer un système différent, plus opératoire, capable de dissiper les tensions psychologiques et sociales nées des pratiques courantes et anciennes. Il est donc nécessaire, au moment de discuter de la forme de l'Etat, d'interroger les perceptions d'injustice et de justice. Un État décentralisé avec plusieurs régions construites sur une approche communautaire serait une approche qui exacerberait encore les tensions en cours. Une régionalisation communautaire devrait donc être exclue. Une régionalisation fondée sur des critères géographiques, économiques (accès aux ressources naturelles) et de mitigation des perceptions d'encerclement pourrait éventuellement être envisagée.

Le système électoral sera aussi âprement discuté. Un des reproches majeurs faits au système actuel est qu'il favoriserait les regroupements éthiques et régionaux, empêchant les partis politiques de se projeter au-delà des régions d'origines de leurs leaders. Un système de gouvernement sur plusieurs niveaux impliquant un pouvoir central élu, des pouvoirs régionaux élus et des pouvoirs locaux eux aussi élus permettrait ainsi de diluer les possibilités de regroupements ethniques. Le système serait encore plus efficace si le modèle électoral retenu est celui des scrutins à liste, avec un inversement des calendriers électoraux, qui devraient ainsi commencer par des élections locales, puis régionales, puis législatives, avant d'être clôturées par un scrutin présidentiel.

Dans tous les cas de figure, la transition qui est en cours doit permettre de rediscuter tous les problèmes identifiés plus haut.

VIII

DU DIALOGUE NATIONAL INCLUSIF

Pour être tout à fait franc, j'avais acheté un livre de physique quantique en ligne en croyant qu'il s'agissait d'un ouvrage de vulgarisation… mais il s'agit en réalité d'un manuel d'étudiant, une introduction à la théorie quantique des champs… il est donc ardu, spécialement pour un bonhomme comme moi qui s'intéresse aux mathématiques et à la physique en pur amateur, curieux des choses étranges qui font notre monde… mais le lire de temps en temps histoire d'essayer de mieux comprendre en amateur le formalisme de la théorie quantique des champs m'a aidé à développer une approche personnelle de la compréhension de la politique tchadienne… en gros, celle-ci est *rototoïque*, c'est-à-dire plus facile à appréhender que la théorie quantique, mais extrêmement plus difficile à prédire que le comportement des électrons dans un champ quantique… en d'autres termes, le rototo est un champ dans lequel tous les comportements deviennent erratiques, et aucune théorie physique, aucun formalisme mathématique, y compris ceux qui tentent de décrire le chaos, ne peuvent prédire ce qu'un acteur politique A qui dit des choses C et D fera demain en ce qui concerne les mêmes choses C et D… toutefois, il est possible de leur (aux acteurs politiques) faire des suggestions, en espérant qu'ils sauront en tirer profit, pour le meilleur et pour le pays…

Dans ce sens, le Dialogue Nationale Inclusif et Souverain (DNIS) qui s'annonce sera un de ces moments critiques qui déterminent le destin d'une nation, en l'occurrence la nation tchadienne. A partir du 20 août 2022, plusieurs centaines de personnes s'enfermeront quelque part à N'Djamena pour un conclave qui durera certainement des semaines, sinon des mois. Les sujets à discuter seront entre autres ceux relatifs à la forme de l'Etat, aux institutions publiques qui découleront de la future constitution, à la justice, aux libertés, et plus généralement aux futures échéances électorales. Il y aura certainement des moments difficiles, spécialement quand les délégués voudront parler des biens mal acquis, des enrichissements illicites, des crimes économiques, mais aussi plus largement des comportements extractifs qui sont la caractéristique principale de toutes nos élites politiques depuis 62 ans… il y aura des moments tendus…

Mais personnellement, je ne m'inquiète pas pour le résultat de ces discussions tendues. Ce qui m'interpelle dès à présent, c'est plutôt le point relatif aux futures échéances électorales. Qu'on se comprenne bien : pour la plus grande partie des acteurs qui prendront part à ces assises, la problématique des futures échéances électorales est d'abord et avant tout une question de futur politique, un problème de carrière personnelle, dans la vie publique. Quelques-uns parmi les chefs de partis, et les membres du Conseil Militaire de Transition (CMT), y compris probablement le Président du Conseil Militaire de Transition (PCMT) lui-même, se verraient bien en président de la République après la transition. Rien de plus légitime, je dirais : tout tchadien qui dispose de toutes ses facultés mentales et qui n'est pas condamné par la justice nationale ou internationale peut légitimement aspirer aux plus hautes charges de l'Etat. Quelques-uns parmi ceux qui les accompagneront se voient devenir députés ou membres des corps des représentants nationaux après la transition. C'est une aspiration normale, et qui doit être applaudie.

D'autres participants encore voudront bien devenir ministres, ou continuer de rester dans le gouvernement, après la transition. C'est somme toute un rêve normal, humain, et sensé. En réalité, très peu parmi les futurs participants iront au dialogue avec uniquement l'objectif de partager leurs points de vue, de construire un consensus désintéressé, dans l'intérêt unique du peuple et de la nation tchadienne. Je peux dire sans trop risquer de perdre ma main que 9 sur 10 délégués iront au DNIS avec un agenda personnel de carrière politique bien réfléchi…et il va falloir accepter cela…il n'y a rien de mal à ça…bien au contraire…

Les débats autour des futures échéances électorales seront donc systématiquement structurés par la donne des carrières politiques individuelles, mais aussi et surtout par l'objectif clairement avoué de la formation politique de l'ancien Président Idriss Deby Itno de continuer à se maintenir au pouvoir. Il n'y a rien à redire. Mais il y a un risque que les résultats et les consensus obtenus sur ce point particulier soient des consensus faibles, qui iront reproduire très probablement le modèle de comportement politique clientéliste ou rototoïque qui a caractérisé notre environnement institutionnel et politique de ces soixante dernières années… et donc pour éviter de sortir de ces débats avec des consensus faibles, il va falloir accepter de mettre sur la table des approches radicalement différentes des démarches classiques auxquelles nous sommes habitués.

Par exemple, la majorité des transitions africaines ont été clôturés par des élections présidentielles, qui sont généralement organisées directement à la fin de la période de transition. On élit un chef de l'Etat, on lui transmet les rênes du pouvoir, et on attend de son gouvernement qu'il organise les prochaines étapes des consultations électorales.

Ceci est une erreur. On a vu ailleurs que les élections présidentielles sont toujours contestées, et que toutes les élections qui suivent les présidentielles sont remises en cause. Ce qui pose un problème de légitimité et de stabilité.

D'autre part, les anciennes pratiques politiques décriées et qui ont entraîné des crises sont remises immédiatement au goût du jour et le clientélisme rototoïque repart toujours, renaissant de ses cendres, et ceci peu importe que la nouvelle direction du pays soit issue des anciens pouvoirs ou des oppositions. Et donc pour éviter que les systèmes de captation ne reviennent au-devant, il est urgent de mettre les choses à plat quand il s'agit des calendriers électoraux ; le calendrier électoral, souvent négligé, est pourtant bien plus important que le mode de scrutin lui-même, quand il s'agit de changer un pays, et de modifier les comportements et les attitudes acteurs politiques…

Pour le Tchad, la forme de l'Etat sera âprement discutée. Mais il est quasi certain que le consensus qui sera retenu sera celui d'un État fortement décentralisé, avec des régions autonomes, et des collectivités territoriales elles aussi autonomes. Il est quasi certain que les régions et les collectivités seront elles aussi dotées d'une certaine forme de représentations politiques. Il est presque certain que le modèle qui sera retenu finalement sera celui d'une représentation à deux niveaux : régional, et national. Le niveau régional sera en charge des questions locales, tandis que le niveau national, probablement sous deux formes (chambre des députés et un sénat) sera une machine de contrôle de l'action gouvernementale. Si ce scénario se réalise, il devient dès lors nécessaire de renverser le calendrier électoral et le faire commencer par des élections locales, puis régionales et enfin nationales. Un démarrage par le local/régional aura l'avantage de créer une dynamique citoyenne de la responsabilité.

Un tel démarrage sera surtout l'occasion d'encourager les citoyens à s'inscrire massivement sur les listes électorales, ce qui n'est pas le cas aujourd'hui. Les élus locaux seront choisis sans pressions de la part des élites centrales. Un système qui fait la part belle aux élites locales permettra ensuite de mieux articuler le choix des élites centrales: celles-ci seront adoubées en effet par les électeurs et non plus par un pouvoir central quelconque ; en effet, en décidant eux-mêmes de qui devra les représenter au niveau local/régional, les citoyens enlèvent au futur chef de l'Etat toute possibilité de marchandage pour choisir et placer des clients politiques… d'autre part, on pourra possiblement assister à la naissance d'une nouvelle génération politique éloignée des centres du pouvoir actuel ; on assistera aussi à une plus forte prise de conscience par les citoyens, qui auront choisi eux-mêmes et sans pressions leurs propres élites, qui leur seront désormais redevables. L'absence de redevabilité qu'on observe aujourd'hui est en effet une conséquence directe des choix des élites par le centre, et non pas par les populations et les communautés elles-mêmes.

J'avais indiqué dans les paragraphes précédents l'intérêt qu'il y a à réfléchir "OUT OF THE BOX" en ce qui concerne le calendrier électoral. Les avantages comparatifs d'une démarche électorale qui part de la base vers le sommet sont nombreux ; l'un des plus importants reste toutefois la possibilité de pouvoir créer une nouvelle classe politique, avec dcs comportements nouveaux ; une génération politique qui aura été choisie et adoubée par les citoyens depuis la base, c'est-à-dire dans leurs communautés et collectivités respectives…

Mais le calendrier électoral, bien qu'important, ne sera pas plus discuté que la question de la candidature ou des candidatures des membres du CMT et du gouvernement de transition. Pour l'instant, cette question constitue l'un des éléments de blocages des négociations de Doha. En principe, Doha n'était pas supposé s'occuper de cette question. Mais son importance et son caractère fondamental ont probablement contribué à en faire un sujet compliqué à Doha. Oui ou non le PCMT et le PMT pourront se présenter aux futures échéances électorales ? Les Tchadiens, mais aussi la communauté dite internationale sont divisés. Pour cette dernière, avec à sa tête les États-Unis, le PCMT, et probablement son Premier Ministre de la Transition, devraient se contenter de conduire cette dernière, et de préparer des élections desquelles ils devraient s'exclure. Il n'y a pas un argument juridique en faveur de cette posture que beaucoup considèrent comme la posture de bon sens. Toutefois, les tenants de l'exclusion du PCMT et de son PMT s'appuient sur une tradition récente en Afrique, Mali en tête avec ATT dans les années 90, qui mettait de facto les leaders des transitions hors-jeu des processus électoraux. Le Burkina Faso, par exemple, semblait avoir réussi dans cette démarche.

Les leaders de la Transition, suite au putsch populaire qui avait renversé Blaise Compaoré, s'étaient gardés de briguer des mandats électoraux. Plus près de nous, la RCA avait aussi conduit une transition avec une présidente intérimaire qui ne s'était pas présentée aux élections. Mais force est de constater que les exemples burkinabés et centrafricains ne constituent pas une panacée. 6 ans après le renversement de Compaoré, le Burkina Faso expérimente un nouveau coup d'Etat militaire, et la Centrafrique est toujours habitée de soubresauts. La Guinée Conakry, qui était aussi passée par une espèce de transition militaire après l'épisode Dadis Camara, est retombée dans les travers des putschs illégaux. Le plus étonnant dans tous ces exemples, c'est le caractère quasi populaire de ces coups de force, tant il est vrai que les pouvoirs issus des urnes pour donner suite aux consultations électorales post transition semblent avoir déçu. Ces manquements, qui ne justifient pas les coups de force, semblent toutefois servir d'arguments aux tenants du camp adverse, c'est-à-dire celui qui souhaite que les leaders de la Transition soient aussi autorisés à prendre part aux consultations électorales…

Pour l'instant donc, les deux positions semblent irréconciliables. Et chaque camp espère pouvoir l'emporter durant le DNIS. Il est possible toutefois de construire un modèle tchadien qui soit consensuel, et qui permette aux deux camps de prendre part aux consultations électorales, de manière équitable…si le DNIS devait décider ainsi, histoire de s'assurer qu'il n'y ait ni perdants et ni gagnants…

Le DNIS sera certainement clôturé par un appel à former un nouveau gouvernement, un nouveau conseil national de la transition, et probablement un nouveau comité ou conseil militaro-civil de la transition. L'ensemble de l'architecture de gouvernance transitionnelle sera légitimé par une nouvelle charte, plus inclusive. Les délégués pourront donc, en préparant les conditions de la future transition, identifier les conditions nécessaires pour un partage équitable des pouvoirs durant cette phase.

Ce partage de pouvoir pourrait être acté par une architecture gouvernementale consensuelle, avec un exécutif d'union, avec par exemple un Président et 4 Vice-Présidents. Le Président et les 4 VP auront chacun des responsabilités claires et démarquées. Cette proposition a même déjà été mise sur papier durant les discussions de Doha. Ces postes seront pourvus par le DNIS, y compris celui du PCMT qui pourrait ainsi se voir légitimer complètement en tant que Président de transition par les délégués au DNIS. Les quatre VP seront désignés par le DNIS, par vote mais sur présentations préalables et adoubement par les grands regroupements politiques qui ne manqueront pas de se faire durant ces assises. Le DNIS désignera aussi un PMT chargé d'animer l'action gouvernementale. Ensuite, les membres du GNT seront eux aussi désignés par consensus par les différentes parties prenantes au DNIS. Une telle démarche permettra à chacune des parties prenantes d'avoir une participation effective dans la conduite des affaires gouvernementales.

Je dois signaler que le GNT devra avoir un statut juridique à prévoir dans la Charte, et les membres du gouvernement désignés par les formations politiques prenant part au DNIS ne pourront plus être démis de leurs fonctions par le PCMT, ou le PMT. La formation d'un gouvernement large de consensus devra être suivie par les nominations des gouverneurs. Les nominations de ceux-ci devront être avalisées par le CNT (le CNT devra aussi être issu du DNIS, et ses membres désignés suite à des élections lors du dialogue). Il faut toutefois préciser que le CMT, le GNT, le CNT ainsi que les postes des gouverneurs devront être distribués de manière équitable via un système de quota, entre les regroupements des formations politiques…définir les quota pourrait être problématique mais il n'y a rien d'impossible en politique…

Cette démarche consensuelle de partage équitable des pouvoirs permettrait à tous les acteurs qui prendront part à la gestion de la transition de pouvoir se présenter aux élections, parce que tout le monde aura ainsi pu participer à la gestion du pays ; et tout le monde pourrait se porter candidat pour des échéances de validations ou d'invalidations…mais je reviendrai plus tard sur les questions spécifiques de la transition et de l'après transition. Pour l'instant, tentons de faire une archéologie du problème tchadien, et reprenons les débats là où ils auraient dû commencer.

IX

DEBATS ENTRE CONCITOYENS

DEEP DIVE 1 : Causes des conflits entre agriculteurs et éleveurs

D'après un rapport publié par des ONGs en février 2022, il y a eu 58 conflits en 2021 dans pratiquement toutes les régions et plus de 400 morts ; en termes d'accrochages les plus meurtriers, le Salamat vient en tête, avec plus de 200 morts sur les 400, suivi du Ouaddaï…avec plus de 50 décès. Les conflits les plus violents n'ont pas opposé des personnes de communautés ou de religions différentes, mais plutôt des membres d'une même ethnie, quoique de tribus différentes. Les conflits n'ont aussi aucune cause religieuse…ou confessionnelle, comme le montrent clairement les violences récurrentes du Salamat et du Ouaddaï. Les conflits les plus meurtriers sont ceux déclenchés suite à des litiges fonciers, ou de contrôle de territoires (liés en général aux découpages cantonaux de plus en plus désordonnés auxquels nous assistons) …les conflits sont donc dans leur grande majorité des conflits pour le contrôle des ressources au sein d'une même communauté. Le rapport se veut purement informatif et ne donne donc pas de détails sur les causes, les responsabilités et les suites judiciaires données à ces conflits. Dans tous les cas de figure, il est désormais admis que les causes de ces conflits sont entre autres l'impunité, le désordre administratif, l'incompétence de l'administration territoriale, et la corruption, le tout avec en soubassement la pauvreté, le rétrécissement des terres cultivables et des pâturages, mais aussi l'assèchement des points d'eaux.

Mais il est peut-être utile de rappeler que les conflits entre agriculteurs et éleveurs ne sont pas récents. Les compétitions pour les ressources ont commencé il y a bien longtemps, et les premières batailles rangées archivées par les historiens remontent au 18e siècle. Les conflits se sont exacerbés à partir des années 1900, avec l'établissement d'une administration coloniale qui redéfinissait de manière unilatérale les systèmes fonciers, en les intégrant dans une approche administrative très éloignée des réalités sociales et économiques des peuples du Sahel et de la Savane, et généralement opposées à leurs perceptions du monde.

Il est possible aussi que les nouveaux systèmes fonciers ne se soient pas seulement contentés de redéfinir le rapport à la terre et à l'espace. En effet, le rétrécissement de l'espace, et donc des opportunités économiques, aurait aussi entraîné une redéfinition des rapports culturels et sociaux.

Des groupes ethniques jadis vivant dans la concorde furent soudainement opposés, avec au centre des nouveaux conflits la question foncière. Celle-ci a aussi redéfini complètement les rapports entre sociétés et corporations socio-professionnelles. L'agriculteur, jadis nomade aussi dans la mesure où les systèmes culturaux étaient structurés par les méthodes de jachères, se voit désormais fixé sur un territoire précis, dans lequel il ne se sentira pas forcément en sécurité.

Le nomade, jadis flexible, se voit aussi désormais assigné une route précise, de laquelle il ne lui était pas permis de dévier. En fait, le nouveau modèle foncier, bien que pas nécessairement complet, aura toutefois réussi à modifier les rapports sociaux, de manière profonde. Les situations d'insécurité qu'il crée imperceptiblement pourraient bien être à l'origine de la multiplication des conflits. Ces situations d'insécurité ont aussi créé un autre phénomène, plus dramatique, qui est celui du repli identitaire.

Les résultats de ces processus se matérialisent par une série de conflits, qui peuvent être caractérisés comme suit :

- Agriculteurs et éleveurs pour le contrôle des ressources ;
- Conflits entre communautés pour des raisons liées au narcissisme ethnique ;
- Conflits au sein d'une même communauté à cause des problèmes anciens de pouvoir ou des problèmes liés au désordre de l'administration ;
- Conflits nés des luttes pour l'accès aux ressources ;
- Conflits nés des déstructurations de l'administration territoriale.

Evidemment les conflits entre agriculteurs et éleveurs ressemblent désormais à des cercles vicieux, une véritable spirale de la violence qui pourrait déboucher sur une guerre civile. Il est urgent de repenser le conflit, et d'en identifier les causes profondes qui sont liés à la politique nationale du foncier d'une part, et aux incapacités du gouvernement de se déployer efficacement sur l'ensemble du territoire national et d'y jour le rôle d'arbitre et de juge. Il est donc important pour le gouvernement de régler les causes racines que sont la pauvreté, la raréfaction des ressources, le désordre administratif et du découpage territorial via une inflation désordonnée des cantons (pour des raisons politiciennes), et d'éviter les éternels arrangements communautaires (comme ces fameux pactes de non agression) qui extraient les coupables du processus judiciaire, encouragent l'impunité, dénient la justice aux victimes et leurs familles, et entretiennent finalement le cycle de violences…

Et il est possible d'agir pour prévenir ces violences, à travers une politique économique inclusive et une amélioration drastique de la gouvernance et de l'Etat de droit. Il est aussi possible d'agir pour prévenir de futurs conflits, en utilisant les mécanismes judiciaires en place, en cas de conflits, et de faire marcher la loi. Il est enfin important de rappeler l'urgence qu'il y a à relancer les débats et les consultations en vue de l'adoption d'un code rural extensif, complet, et qui légiférera autour des questions de transhumance, de propriété foncière rurale, de pastoralisme et d'agro pastoralisme, et de transmissions (héritages). Les violences civiles doivent être réglées par des moyens civils, et un investissement accru dans le structurel…

POST SCRIPTUM

Le communiqué du gouvernement quant aux mesures à prendre pour arrêter les conflits intercommunautaires était attendu... Mais au-delà de ce communiqué, les mesures prises et les actions attendues, doivent être accompagnées d'un redéploiement effectif des administrations territoriales... L'absence de l'Etat est la cause principale des conflits... La présence de l'Etat renforce le sentiment de sécurité, et la crainte de l'autorité... Elle permet surtout aux justiciables de demander justice. C'est quand l'Etat est absent, et que la justice n'est pas présente, que les citoyens chercheront à se faire justice eux-mêmes... Il faut redéployer l'Etat, redynamiser les administrations publiques, et ramener la justice, avec les tribunaux et les juges de paix, à travers l'ensemble du territoire national. La justice renforce l'autorité de l'Etat. Et l'autorité de l'Etat, quand elle est visible, et positivement active, évite les situations d'injustice... C'est pourtant simple...

Le communiqué du gouvernement quant aux mesures à prendre pour arrêter les conflits intercommunautaires était attendu... Mais au-delà de ce communiqué, les mesures prises, et les actions attendues, doivent être accompagnées par un redéploiement effectif des administrations territoriales... L'absence de l'Etat est la cause principale des conflits... La présence de l'Etat renforce le sentiment de sécurité, et la crainte de l'autorité... Elle permet surtout aux justiciables de demander justice. C'est quand l'Etat est absent et que la justice n'est pas présente, que les citoyens chercheront à se faire justice eux-mêmes... Il faut redéployer l'Etat, redynamiser les administrations publiques, et ramener la justice, avec les tribunaux et les juges de paix, à travers l'ensemble du territoire national. La justice renforce l'autorité de l'Etat. Et l'autorité de l'Etat, quand elle est visible, et positivement active, évite les situations d'injustice... C'est pourtant simple...

Commentaires de Ali Abdel Rahmane Haggar

Il faut arrêter de créer des autorités et chefs traditionnels à la pelle. Avant d'installer un chef, définir son ressort territorial. Dites-moi, combien sont-ils les Tamerlan du Sahel. 500, 700, 1000? Tout le monde veut devenir Chef dc quelque chose, d'un marigot, d'un puits, d'une dune, d'une montagne, d'un arbre avec cheval et parasol et des tromblons en bandoulière. Rigolos. Moyenâgeux. Arrêtez le spectacle. Le Tchad a la chance d'avoir des exemples à ne pas suivre. La Somalie et la Libye où les tribus instrumentalisées s'étripent comme des cancrelats en boîte. Pour un lopin, un bœuf malingre, une touffe de maïs, un arrêté de poisson, un chameau efflanqué, un regard nonchalant, on tue, on se tue. Certains pleurent. D'autres rient tels des sangsues, chauve-souris. Mes condoléances aux familles éplorées et à tous les Tchadiens et Tchadiennes.

X

POSER LA QUESTION DU FÉDÉRALISME, C'EST POSER LA QUESTION DES DEUX TCHAD ?

C'est vrai que le fédéralisme est une question qui fâche, et tout le monde semble avoir son point de vue, toujours tranché. Mais la question du fédéralisme fait toujours écho à une autre question, plus lancinante, plus déchirante, celle des identités. La question des identités conduit bien de commentateurs à penser qu'il y aurait en réalité deux Tchad. Le thème des deux Tchad a aussi fait l'objet de plusieurs commentaires de la part de politiciens, et non des moindres. L'un des politiciens les plus brillants de sa génération, Succes Masra, avait clairement évoqué la question dans plusieurs discours. Mais j'ai pour ma part décidé de l'aborder sous un angle diffèrent.

Il y a toujours eu deux Tchad... Et ce n'est pas celui des nantis et celui des pauvres... Les nantis, si on peut appeler les quelque 5 à 10,000 personnes que compte ce pays et qui gagnent au-delà du million CFA par mois, toutes activités incluses y compris la corruption, ne constituent pas une catégorie sociologique majeure pour faire du Tchad un Tchad des nantis et un Tchad des pauvres. Tout le monde est pauvre, quasiment !

La division géographique est celle qui existe entre le Nord et le Sud... Et dans chacune des entités géographiques du pays, il y a ceux qui profitent des systèmes et ceux qui subissent les systèmes. Et en général 99,99% des gens subissent les systèmes, des deux côtés.

Il n'y a pas de conscience de classe pour créer des divisions de classes, car il n'y a pas de classe. Il y a des consciences régionales, ethniques, voire tribales. Et il y a des consciences "d'appartenance religieuse" car il y a des régions, des ethnies, des tribus et des religions. Le problème est bien plus complexe que les intellectuels et les observateurs ne veulent l'admettre. La division du Tchad se voit déjà dans la configuration des habitats et la distribution ethnique des espaces et des quartiers. Ce mouvement de regroupement régional, ethnique, tribal et religieux a commencé depuis les années 70 et s'est accentué après 79, et s'est finalement durablement installé dans les faits et les comportements mais aussi les esprits, dans les années 90 et 2000... Et il ne changera pas de sitôt. Pour pouvoir aller de l'avant, il faut observer ces divisions et les prendre en compte dans les politiques publiques, et recréer des espaces dans les espaces existants... Des espaces de cohésion, des espaces d'interactions.

Mais au-delà de la division, la perception actuelle qui consiste à faire croire que les nordistes profitent et que les sudistes subissent, perception largement véhiculée par Yorongar en son temps et reprise par beaucoup d'intellectuels et de commentateurs mais aussi des hommes politiques, cette perception doit être revisitée... Il n'y a pas de Nord qui profite et de Sud qui subit. Il n'y a pas de Nord ignorant et de Sud savant. Il n'y a pas de Nord tortionnaire et de Sud torturé et victime. Il n'y a pas de Nord injuste et de Sud juste.

Il y 99,99% des Tchadiens qui vivent et subissent une pauvreté cruelle, conséquence de 60 ans d'absence de leadership et d'honnêteté de la part de ceux et de celles qui se font appeler leaders. Il y une administration qui ne sert personne dans ce pays si ce n'est ceux et celles qui parviennent à en occuper les commandes.

Pour aller de l'avant, quelles solutions doit-on envisager ? Le fédéralisme peut-il être une solution ? Pourquoi pas... Un fédéralisme intelligent, avec des autonomies de gestion, mais une justice, une armée, un système éducatif et une politique étrangère commune peut être envisagé.

Certaines personnes bien sûr diront que si on passe au fédéralisme, leur région s'en sortira mieux car mieux dotée par la nature ; d'autres plus pessimistes diront que leur région est déshéritée par la nature et que le fédéralisme pourrait entraîner un assèchement des opportunités pour eux. Rien n'est plus faux...

L'histoire récente a montré que les régions du monde qui semblent les plus déshéritées par la nature s'en sortent beaucoup mieux que celles dont les habitants se croient bénis par la providence. Le monde est connecté, et les systèmes clos n'existent pas. Le principal facteur et vecteur de développement et de transformation sociale et culturelle, c'est une économie ouverte, favorisant l'innovation, et reposant sur une gouvernance solide, transparente, mettant la justice et l'Etat de droit au centre de son fonctionnement, et au cœur de ses valeurs. Le plus important dans un processus de formation ou de réformation de l'Etat, ce sont les éléments d'équilibre.

Mais au regard de notre histoire mouvementée, quels pourraient être les éléments d'équilibre ? Commençons le débat à l'endroit précis où les esprits voudront s'échauffer.

Entre 1960 et 1978, les accusations des nordistes du FROLINAT contre les sudistes du MNRCS et du CSM peuvent être résumées en deux mots : injustices et abus. Puis vint Hissein Habré... En guise de rétablissement de la justice et d'arrêts des abus, beaucoup d'autres injustices furent créées et des abus terribles commises.

En 1990, le MPS dégagea Habré et l'UNIR, avec pour seul mot d'ordre, Mourir pour le Salut, et en prenant le pouvoir, ne promettait ni or et ni argent mais la liberté, comme fondement pour la justice et l'arrêt des abus perpétrés par l'UNIR. Une Conférence Nationale Souveraine (CNS) réunira les représentants et les représentantes du peuple. Notre histoire aura été revisitée à cette occasion, des armes furent brûlées, et tout le monde s'engagea à ne plus jamais perpétuer ni injustices et ni abus. La CNS finit sur une fête immense et on pensait que des temps nouveaux, attendus depuis 1960, s'ouvraient à nous.

En 2018, puis 2020, lors des deux derniers forums de l'ère Idriss Deby Itno, soit 25 ans et 27 ans après la CNS, tout le monde s'accorde pour dire que si la liberté promise en 1990 fonctionne tant bien que mal, malgré parfois des reculs et des incohérences, l'injustice et les abus sont toujours parmi nous, et en nous.

J'hésite à mettre des chiffres, car ils ne voudront rien dire dans notre pays... Mais notons simplement quatre faits majeurs : entre 1960 et 2020, nous sommes passés de 2 millions à 16 millions de personnes ; 6,5 millions de nos compatriotes ne mangent pas à leur faim; la moitié de nos élèves en âge de rentrer au collège ont du mal à lire et à écrire correctement.

Évidemment ces chiffres ne surprennent personne : ils sont connus et acceptés par tous. Mais pauvreté, famine, mauvaise formation, sont simplement le résultat de 60 années de gestion Inch Allah de notre pays.

Cette gestion Inch Allah n'est pas le résultat de l'incompétence. En fait, entre 1960 et 2020, nous avons multiplié par un facteur 100 notre niveau de compétences dans tous les domaines techniques et administratifs. Mais nous n'avons fait aucun progrès dans deux domaines : la justice, et le respect de nos dignités. Et les deux sont liés !

Injustice et abus sont les résultats de nos refus : ceux consistant à accepter nos différences, nos divergences, avant de parler de nos préférences, et de nos similitudes.

Si ce qui nous réunit semble théoriquement plus important que ce qui nous sépare, il est temps d'identifier clairement ce qui nous différencie, ce qui nous oppose. La république à la française, c'est-à-dire un système assimilationniste, et qui nie nos différences, est peut-être finalement notre péché originel.

Pour parler d'injustice, nous devons d'abord savoir ce que cela signifie. Je ne parle pas ici des injustices économiques et sociales, qui ne sont finalement que les manifestations de notre méconnaissance de l'autre. Pourquoi par exemple, en 1960, au moment de la prise de pouvoir par Ngarta Tombalbaye, beaucoup de nordistes étaient si énervés qu'ils se crurent obligés de prendre le chemin de la contestation armée ? Pourquoi, en 1978, puis 1979, au moment de l'arrivée du FROLINAT au pouvoir, les commandants du CSM se virent obligés de déclencher une guerre civile ravageuse, et Kamougué de prôner et d'essayer de mettre en pratique une dislocation pure et simple du pays ? Et pourquoi, presque 20 après, Beyem Roné (paix à son âme) publia un livre orienté, plutôt poliment écrit, mais qui était le précurseur du brûlot de Beral et de Masra, ce livre incohérent et vindicatif certes, mais qui ne fait que décrire en réalité une frustration profonde et en même temps incompréhensible même pour ses propres auteurs ?

L'injustice au Tchad est une conséquence directe de notre manière d'appréhender l'État, et de le gérer. Notre incapacité à mettre en place une gouvernance solide et transparente, est le résultat de notre méconnaissance de la signification du pouvoir moderne dans nos communautés respectives, et surtout dans celles des autres. Et cette méconnaissance elle-même est l'effet direct de notre refus d'aller vers cette meilleure connaissance de ce qui semble nous séparer. Notre refus de rechercher cette connaissance est probablement notre péché originel, né au moment des indépendances, poussé dans nos crânes par une école que beaucoup parmi nous n'avaient pas tout à fait acceptée, et un enseignement qu'une grande moitié de notre pays percevra toujours et encore comme un envahissement imposé à nous par l'ennemi d'antan, qui nous a défait, vaincu militairement, et essaye de s'imposer à nous culturellement.

Résoudre le problème de la justice au Tchad, c'est finalement accepter, ouvertement, d'explorer ce qui nous différencie, et pourquoi ce qui nous différencie nous rend différent les uns des autres. Décrire nos différences nous aidera à trouver ce qui nous réunit, au-delà du territoire que nous partageons. Accepter nos différences, et construire sur ce qui nous réunit permettront de définir ce que signifie l'État, sa pratique, et ses responsabilités. Mieux, nous décrirons alors de manière consciente, positive, le modèle de leadership que nous voulons, et le modèle de gouvernance qui permettra d'éliminer cette injustice qui ne fait que renaître de ses cendres depuis 60 ans, malgré tous nos efforts communs.

C'est ce processus de réflexion, de construction patiente basée sur un effort intentionnel d'identifier nos divergences et de les accepter, pour pouvoir sublimer nos similitudes, qui permettra d'identifier les éléments d'équilibre nécessaire à la construction d'un Etat plus inclusif, plus juste.

Vous avez dit deux Tchad ?

Ce paragraphe, qui vient d'une de mes publications sur Facebook, a bien entendu suscité quelques commentaires intéressants….

Houzibé LeGouin Le Pur : « Effectivement mon cher, il y'a un nord injuste et un sud juste ; oui, il y'a un nord toujours revanchard et un sud qui fait de son mieux pour pondérer la situation ; oui, il y'a un Nord qui profite et un sud exclu. Je comprends votre position, elle se veut modérée, et surtout digne de quelqu'un qui n'a pas vécu au Tchad depuis plusieurs années. Cela est un fait. Mais nier complètement l'injustice, les supplices des " fiers guerriers " à faire subir aux faiblards et autres kirdi, c'est autant, refuser de reconnaître que le cancer est une infection dévastatrice.

Alors, divisons le Tchad ? Non... Doit-on essayer les fédérations ? Pourquoi pas... et un débat national ouvert et honnête doit avoir lieu sur ce sujet, que ce soit maintenant ou dans 5 ans !

Edgard Djerassem : « Ci-dessous quelques éléments d'appréciations à la suite de tes commentaires... J'ai essayé tant bien que mal de reprendre chacune des problématiques que tu as évoquées....

« Et c'est comme toujours : ce qui n'a pas encore été essayé est toujours sublimé et vu comme forcément la solution miracle. On évite ainsi hélas de faire l'analyse en profondeur ».

Ma réponse : Il est vrai que ce qui n'a pas encore été essayé est toujours sublimé. Mais après 60 ans de tâtonnements plus personne ne croit aux miracles au Tchad. Et parler de fédéralisme, ce n'est pas sauter à pieds joints sur une fausse vraie solution : c'est une invitation à l'exploration...

Edgard Djerassem : « Au fond, dans l'esprit, le fait de valider avec cette facilité le fédéralisme, c'est juste un aveu qu'on ne sait pas créer le tissu national, et donc on pense que la structure d'Etat qui va épouser nos divisions actuelles en est la solution ».

Ma réponse : Je ne valide pas le fédéralisme. Je lance une invitation à l'exploration. Le modèle fédéral n'est pas uniforme. Entre le modèle suisse, et le modèle sud-africain, il y a des autoroutes. Et pour le cas sud-africain, même s'ils ne l'appellent pas fédéralisme, ça l'est dans la pratique. Et les Sud-africains sont même allés plus loin en permettant à des groupes de personnes qui se sentent liées par un héritage commun de s'organiser de la manière qui leur chante dans le respect de principes admis par tous. On trouve ainsi par exemple des micro-États totalement autonomes en Afrique du Sud, avec même leurs propres monnaies locales qui s'échangent contre la monnaie nationale... Ça paraît folklorique, mais pour beaucoup de personnes ici, c'est sérieux et ça n'est pas négociable... et ça marche ! Essayons donc d'aller au-delà des attitudes ironiques et explorons ensemble ce qui est possible...

Edgard Djerassem : « En fait, ça sonne chez nous comme : avec ça, l'étranger, l'autre, va rester chez lui et nous laisser vivre tranquille ».

Ma réponse : C'est possible que ça soit ainsi. Toutefois, dans la pratique et le quotidien, les choses ne marchent pas comme on veut nous le faire croire. Comment expliquer à un commerçant waddayen qui est né et a grandi à Moundou qu'il n'est pas chez lui ?

Edgard Djerassem : « Le Tchad n'est pas également réparti en termes de ressources ni de moyens, c'est une illusion ».

Ma réponse : On n'a pas besoin d'une répartition équitable et égale des ressources. Et l'époque où l'on parlait de Tchad utile est révolue. Cette fameuse et dangereuse délimitation était une invention coloniale. Mais au-delà de l'histoire, une meilleure connaissance de notre pays nous permet aujourd'hui de comprendre que les terres fertiles existent partout, et que les principales ressources, qui sont humaines, sont capables de tout, partout ! Et d'autre part, fédéralisme ne veut pas dire enfermement...

Edgard Djerassem : « Comment réagira une zone "aride" qui n'attire pas les revenus, par rapport à une zone prédisposée qui en attire tout ».

Ma réponse : L'attraction ou non des revenus n'est plus une question d'écologie ou de géographie physique. On ne vient plus quelque part parce qu'il y a des ressources. On investit quelque part parce que le modèle de gouvernance attire les entrepreneurs.

Edgard Djerassem : « Comment sera accepté le transfert nécessaire de revenus des zones pourvues vers les zones désœuvrées ? ».

Ma réponse : Il n'y a pas de zones pourvues et de zones dépourvues. D'autre part, dans un système économique bien gouverné, les taxes fiscales et les taxes fédérales permettent de créer les équilibres nécessaires.

Edgard Djerassem : « Comment les concilier avec l'idée d'un destin commun quand dans beaucoup d'endroits, chacun voudra faire son propre code civil et pénal, ce qui ne communique pas avec l'idée d'un destin commun ? ».

Ma réponse : Le Nigeria considère que les Nigérians ont un destin commun. Et pourtant chaque État fédéré peut créer son propre système juridique autour des questions spécifiques liées aux relations matrimoniales, les problèmes de succession, et la gestion de l'ordre public... Et ça marche, avec des frictions certes mais ça marche...

Edgard Djerassem : « On aime citer les USA partout, sans citer leur histoire et leur attachement profond à la nation. Mettre son drapeau devant chez soi alors qu'on vit chez soi est un signe que vous ne rencontrerez pas partout ».

Ma réponse : L'attachement profond des USA à leur drapeau est le résultat de deux facteurs : la guerre d'indépendance, et la conviction qu'ils ont gagné la guerre parce qu'ils sont différents et divers. Nous avons eu nos luttes et il nous reste à magnifier nos différences

Edgard Djerassem : « Je ne dis pas que l'idée fédérale est vaine et inadaptée. Loin de moi. J'indexe juste cette facilité habituelle à sauter sur les recettes toute faites, quand on n'a pas pris le temps de labourer en profondeur pour faire l'analyse coûts et avantages ».

Ma réponse : Prenons le temps de labourer ensemble ce terreau qui peut s'avérer très fertile

Edgard Djerassem : « A mon sens, nous devons inventer une forme d'Etat qui sait prendre en compte les défis du présent et les ambitions de l'avenir ».

Ma réponse aux commentaires de Edgard Djerassem

Je pense que notre État devra surtout 1) reconnaître nos diversités ; 2) accepter nos divergences ; 3) magnifier différences et diversités ; 4) redéfinir la notion de pouvoir, et de devoirs ; 5) redéfinir les principes de nos relations entre communautés, et entre communautés et le pouvoir et les pouvoirs ; 6) recréer le lien social ; 7) remettre la justice et les justices au centre de l'action publique ; 8) redéfinir les libertés communautaires et individuelles, collectives et publiques ; 9) créer les conditions nécessaires à l'équilibre des pouvoirs ; 10) s'assurer que le pouvoir ne soit jamais confisqué, et ne devienne jamais un instrument au profit d'un individu ou d'une communauté au détriment des autres.

Edgard Djerassem : « Les Chinois ont pris le communisme mais ont inventé à partir de là une forme de gouvernement propre à répondre à leurs défis, au regard de tous les enjeux qui se posent à eux. Une forme dont les visages sont un mélange de pression par les réseaux sociaux avec Wetchat, de social rating qui bâtit l'éthique citoyenne, de parti-Etat rigide mais de renouvellement complète de la direction du pays, de centre puissant mais des zones autonomes au regard de leur spécificités, des hiérarchies fortes mais aussi des zones de fortes libertés d'entreprendre (comme shenzen), etc. Bref une invention à mille lieux de la pensée de Lénine et Marx ».

Ma réponse : Les Chinois pratiquent le communisme depuis 80 ans. L'Etat est communiste, mais la société ne l'est pas. Les Chinois ont créé un système fonctionnel qui repose sur la rigueur de la gouvernance, et la fiabilité des institutions. Mais pour faire tout cela, ils n'ont jamais prétendu qu'ils étaient UN. Ils ont reconnu leurs diversités, utilisé leurs divergences et leurs différences, et conclu que 2000 ans d'histoire ne pouvaient être jetées aux orties ! En Chine, il n'y a pas de Chinois du Sud qui se croit habité par la science infuse et de chinois du Nord qui se croit plus noble que ses autres compatriotes. Et tout ça est devenu possible parce que dès le départ, et malgré quelques ratés de la révolution culturelle par ailleurs vite abandonnée, le Parti communiste a décidé de reconnaître qu'on ne pouvait pas gérer ce territoire immense d'une seule manière. Ils ont pris des mesures drastiques dans les domaines administratifs, en créant un Tuesday unique par exemple pour un territoire qui devrait en avoir 4 ou 5, mais ils ont continué à magnifier les différences locales.

Ma réponse aux commentaires de Nadjikimo Benoudjita.

Cela fait 25 ans que nous lançons des condamnations et des anathèmes... avec zéro résultat ! Les manifestations, les conflits armés, les guerres, les pressions internationales, tout, tout a été essayé et avec toujours zéro résultat. Ceux qui veulent continuer de condamner à l'ancienne peuvent continuer de le faire. Ceux qui veulent manifester peuvent continuer de le faire. Mais ceux qui veulent explorer les sources du mal ont aussi le droit de le faire... À toi ton combat et tes condamnations, à moi et à ceux qui pensent comme moi que repartir à la racine des problèmes est crucial, de faire ce travail.

XI

CONTINUONS NOTRE EXAMEN PAR LE DÉBAT QUI FÂCHE : FÉDÉRALISME OU DE-CENTRALISME?

Fédéralisme ? État unitaire centralisé ? Ma préférence est clairement pour le fédéralisme. Et je pose bien sûr ma conclusion bien avant de procéder à sa démonstration. Reprenons donc dès les débuts et précisons que tout compte fait, quand il s'agit de la forme de l'Etat, les solutions miracles ou les recettes toutes faites, n'existent pas. Toutefois, fondamentalement, les États inclusifs, et aussi les États extractifs, sont tous deux des résultats d'accidents de l'histoire. Mais ces accidents, bien souvent fortuits, permettent toutefois de construire une "théorie", non pas de leurs formations, mais des conditions objectives qui ont prévalues à leurs avènements. De manière générale, les systèmes extractifs semblent être les systèmes d'organisation politiques les plus répandus, mais aussi les plus naturels. Les relations de pouvoir n'étant pas des relations de coopération volontaire, il semble bien que l'accaparement des ressources économiques et politiques, et les abus qui vont avec, sont des conditions naturelles des organisations humaines.

Mais bien que la coopération volontaire et consciente ne soit pas une caractéristique dominante des sociétés humaines, spécialement dans les relations de pouvoir, les pouvoirs pour se maintenir et se reproduire dans la durée, ont besoin de créer des liens, et de les entretenir. Ce sont les institutions. Dans les sociétés extractives, ces liens, c'est-à-dire les institutions, participent au contrôle social, soutiennent l'exploitation des ressources, c'est-à-dire leur extraction au service d'une classe sociale dominante, mais assurent aussi la durabilité et la reproduction des systèmes extractifs. En tout état de cause, les systèmes extractifs, en accaparant le gâteau, excluent de fait la majorité des membres du groupe de la jouissance du gâteau.

Dans les systèmes inclusifs en revanche, les institutions créent du lien pour mieux assurer le contrôle de l'ordre social au profit du plus grand nombre. Bien entendu, dans tous les systèmes, inclusifs ou extractifs, une élite politique, ou économique, voire culturelle ou religieuse tentera toujours de s'accaparer le contrôle des outils institutionnels. Mais les systèmes inclusifs parviennent toutefois à diluer les capacités de contrôle des élites, ce qui ne semble pas être le cas dans les systèmes purement extractifs.

Quand on interroge les Tchadiens à propos du fédéralisme, les premières réponses fusent sous forme de questions contestataires.

J'avais porté ce débat sur Facebook et les internautes tchadiens avaient comme d'habitude des positions plutôt tranchées sur la question. Voici en substance quelques-uns des commentaires.

Gontchome Sahoulba : « Et c'est comme toujours : ce qui n'a pas encore été essayé est toujours sublimé et vu comme forcément la solution miracle. On évite ainsi hélas de faire l'analyse en profondeur ».

Ma réponse : Il est vrai que ce qui n'a pas encore été essayé est toujours sublimé. Mais après 60 ans de tâtonnements, plus personne ne croît aux miracles au Tchad. Et parler de fédéralisme, ce n'est pas sauter à pieds joints sur une fausse vraie solution : c'est une invitation à l'exploration...

Gontchome Sahoulba : « Au fond, dans l'esprit, le fait de valider avec cette facilité le fédéralisme, c'est juste un aveu qu'on ne sait pas créer le tissu national, et donc on pense que la structure d'État qui va épouser nos divisions actuelles en est la solution ».

Ma réponse : Je ne valide pas le fédéralisme. Je lance une invitation à l'exploration. Le modèle fédéral n'est pas uniforme. Entre le modèle suisse, et le modèle sud-africain, il y a des autoroutes. Et pour le cas sud-africain, même s'ils ne l'appellent pas fédéralisme, ça l'est dans la pratique. Et les Sud-Africains sont même allés plus loin en permettant à des groupes de personnes qui se sentent liées par un héritage commun de s'organiser de la manière qui leur sied dans le respect de principes admis par tous. On trouve ainsi par exemple des micro-États totalement autonomes en Afrique du Sud, avec même leurs propres monnaies locales qui s'échangent contre la monnaie nationale... Ça paraît folklorique, mais pour beaucoup de personnes ici, c'est sérieux et ça n'est pas négociable... et ça marche! Essayons donc d'aller au-delà des attitudes ironiques et explorons ensemble ce qui est possible...

Gontchome Sahoulba : « En fait, ça sonne chez nous comme "avec ça, l'étranger, l'autre, va rester chez lui et nous laisser vivre tranquille."

Ma réponse : C'est possible que ça soit ainsi. Toutefois, dans la pratique et le quotidien, les choses ne marchent pas comme on veut nous le faire croire. Comment expliquer à un commerçant waddayen né et grandi à Moundou qu'il n'est pas chez lui ?

Gontchome Sahoulba : « Le Tchad n'est pas également réparti en termes de ressources ni de moyens, c'est une illusion ».

Ma réponse : On n'a pas besoin d'une répartition équitable et égale des résssources. Et l'époque où l'on parlait de Tchad utile est révolue. Cette fameuse et dangereuse délimitation était une invention coloniale. Mais au-delà de l'histoire, une meilleure connaissance de notre pays nous permet aujourd'hui de comprendre que les terres fertiles existent partout, et que les principales ressources, qui sont humaines, sont capables de tout, partout ! Et d'autre part, fédéralisme ne veut pas dire enfermement...

Gontchome Sahoulba : « Comment réagira une zone "aride" qui n'attire pas les revenus, par rapport à une zone prédisposée qui en attire tout ? »

Ma réponse : L'attraction ou non des revenus n'est plus une question d'écologie ou de géographie physique. On ne vient plus quelque part parce qu'il y a des ressources. On investit quelque part parce que le modèle de gouvernance attire les entrepreneurs.

Gontchome Sahoulba : « Comment sera accepté le transfert nécessaire de revenus des zones pourvues vers les zones désœuvrées ? »

Ma réponse : Il n'y a pas de zones pourvues et de zones dépourvues. D'autre part, dans un système économique bien gouverné, les taxes fiscales et les taxes fédérales permettent de créer les équilibres nécessaires.

Gontchome Sahoulba : « Comment concilier l'idée d'un destin commun quand dans beaucoup d'endroits, chacun voudra faire son propre code civil et pénal, ce qui ne communique pas avec l'idée d'un destin commun. "

Ma réponse : Le Nigeria considère que les nigérians ont un destin commun. Et pourtant chaque État fédéré peut créer son propre système juridique autour des questions spécifiques liées aux relations matrimoniales, les problèmes de succession, et la gestion de l'ordre public... Et ça marche, avec des frictions certes mais ça marche...

Gontchome Sahoulba : "On aime citer les USA partout, sans citer leur histoire et leur attachement profond à la nation. Mettre son drapeau chez soi alors qu'on vit chez soi est un signe que vous ne rencontrerez pas partout."

Ma réponse : L'attachement profond des USA à leur drapeau est le résultat de deux facteurs : la guerre d'indépendance, et la conviction qu'ils ont gagné la guerre parce qu'ils sont différents et divers. Nous avons eus nos luttes et il nous reste à magnifier nos différences

Gontchome Sahoulba : "Je ne dis pas que l'idée fédérale est vaine et inadaptée. Loin de la. "

Gontchome Sahoulba : "J'indique juste cette facilité habituelle à sauter sur les recettes toute faites, quand on n'a pas pris le temps de labourer profond pour faire l'analyse cost & benefits."

Ma réponse : Prenons le temps de labourer ensemble ce terreau qui peut s'avérer très fertile

Gontchome Sahoulba : « A mon sens, nous devons inventer une forme d'Etat qui sait prendre en compte les défis du présent et les ambitions de l'avenir »

Ma réponse : Je pense que notre État devra surtout 1) reconnaître nos diversités; 2) accepter nos divergences; 3) magnifier différences et diversités; 4) redéfinir la notion de pouvoir, et de devoirs; 5) redéfinir les principes de nos relations entre communautés, et entre communautés et le pouvoir et les pouvoirs; 6) recréer le lien social; 7) remettre la justice et les justices au centre de l'action publique; 8) redéfinir les libertés communautaires et individuelles, collectives et publiques; 9) créer les conditions nécessaires à l'équilibre des pouvoirs ;10) s'assurer que le pouvoir ne soit jamais confisqué, et ne devienne jamais un instrument au profit d'un individu ou d'une communauté au détriment des autres.

Gontchome Sahoulba : « Les Chinois ont pris le communisme mais ont inventé à partir de là une forme de gouvernement propre à répondre à leurs défis, au regard de tous les enjeux qui se posent à eux. Une forme dont les visages sont un mélange de pression par les réseaux sociaux avec Wetchat, de social rating qui construit l'éthique citoyenne, de parti-Etat rigide mais de renouvellement complète la direction du pays, de centre puissant mais des zones autonomes au regard de leur spécificités, des hiérarchies fortes mais aussi de zones de forte libertés d'entreprendre (comme shenzen), etc. Bref une invention à mille lieux de la pensée de Lenine et Marx."

Ma réponse : Les Chinois pratiquent le communisme depuis 80 ans. L'Etat est communiste, mais la société ne l'est pas. Les Chinois ont créé un système fonctionnel qui repose sur la rigueur de la gouvernance, et la fiabilité des institutions. Mais pour faire tout cela, ils n'ont jamais prétendu qu'ils étaient UN. Ils ont reconnu leurs diversités, utilisé leurs divergences et leurs différences, et conclu que 2000 ans d'histoire ne pouvaient être jetées aux orties ! En Chine, il n'y a pas de Chinois du Sud qui se croit habité par la science infuse et de Chinois du Nord qui se croit plus noble que ses autres compatriotes. Et tout ça est devenu possible parce que dès le départ, et malgré quelques ratés de la révolution culturelle par ailleurs vite abandonnée, le Parti communiste a décidé de reconnaître qu'on ne pouvait pas gérer ce territoire immense d'une seule manière. Ils ont pris des mesures drastiques dans les domaines administratifs, en créant un fuseau horaire unique par exemple pour un territoire qui devrait en avoir 4 ou 5, mais ils ont continué à magnifier les différences locales.

Je laisse de côté les événements en cours, aussi douloureux soient-ils... pour regarder, sous un angle différent, les causes de ce qui semble nous diviser, et proposer des solutions pragmatiques. Nous sommes un pays à système économique et social extractif, malheureusement. Un système extractif, résultat de l'histoire, est un système économique qui ne connaît ni croissance et ni redistribution, ou plutôt, il génère uniquement injustices et pauvreté. Pauvreté et injustice sont des résultats. Et ce sont les résultats d'une vérité toute simple : le gâteau est petit, et le groupe qui parvient à accaparer le gâteau ne voudra à aucun prix le partager. Il peut au moins le faire grandir, diront certains. C'est possible, et au cours de l'histoire, on a vu des États à système extractif créer de la croissance. Mais cette croissance a toujours fini par être accaparée par l'élite dominante.

Le débat autour de cette question a suscité plusieurs réactions et réflexions des internautes. Je reproduis ici in texto quelques-unes des réactions.

Brahim Mourtalah Bechir : « Aminc, puisque tu veux te soumettre à la critique (et si jamais cela peut être utile):

1-Entendons-nous: tu entends par modèle d'analyse l'angle, l'élément, l'approche qui te permettront d'appréhender l'objet de ton analyse. Ai-je bien compris ?

2- Si oui, ton modèle d'analyse me semble pertinent parce qu'il part de l'essence de la société, ce qui la structure, la fonde, l'organise. Parce qu'il part de ce qui forge les mentalités des gens, domine leurs modes de pensée et conditionne leur conduite.

3- Toutefois, on peut ramener tous les points que tu as énumérés, de mon point de vue, à un seul élément central : l'identité. L'identité non pas en tant qu'élément culturel mais en tant que sentiment d'appartenance ; identité non pas en tant que richesse culturelle mais en tant que lien d'attache et limite de séparation, de distinction, de différence. D'ailleurs, je dirai plus simplement que l'élément central est l'appartenance et non pas l'identité. Eh oui, t'as raison de prendre l'appartenance comme modèle d'analyse, quand on sait l'influence de l'appartenance identitaire sur l'individu tchadien. Le "toutefois" du début trouve sa raison ici: n'est-ce pas plus simple dès lors de partir directement et uniquement de l'appartenance?

4- TOUTEFOIS - encore un toutefois !- N'est-ce pas réducteur d'analyser la société tchadienne à partir de ses fondements identitaires uniquement ? Une donnée qu'il ne faut surtout pas perdre de vue est la question de l'ARGENT. Il est vrai que jusqu'à récemment, je me limitais aussi à analyser tout sous le prisme identitaire, pensant que le Tchadien est en proie uniquement à son appartenance et aux multiples pressions y afférentes. Je remarque de plus en plus que l'individu, et partant la société, n'est pas seulement aux prises de l'appartenance infranationale (s'entend toutes les appartenances ethnique, tribale, régionale, confessionnelles... qui se situent en deçà de l'appartenance au Tchad mais qu'on fait passer généralement avant), mais aussi à la question de l'argent-roi et de la réputation, l'honneur (voire la quête des nominations et d'élévation au rang supérieur : Maréchal, Général, Ministre, Directeur, Préfet, Chef de Canton...) ».

Ma réponse : les éléments que j'ai cités dans les différents niveaux d'analyses sont constitutifs de l'identité... tchadienne... Mais j'ai voulu développer de manière séparée chaque élément, et dessiner ainsi plus clairement sa forme, mais aussi identifier les possibles points de connexions avec les autres éléments... J'essaie aussi, ce faisant, d'éviter les écueils classiques des analyses identitaires, qui ont tendance à produire des instantanés... reléguant au fond les dynamiques qui font finalement de l'identité un véritable film... Je retiens toutefois ta proposition de constituer une espèce de mosaïque qui pourrait rester dynamique...

En ce qui concerne ton second point, celui relatif à l'argent en tant qu'acteur, je dois dire que je n'y avais pas pensé et je t'en remercie. Je l'ajouterai... soit comme scène active, soit comme espace... Je vais explorer l'une ou l'autre des possibilités et voir comment imbriquer chacune d'entre elle dans les six premiers niveaux, ou l'intégrer dans la mosaïque identitaire... Une intégration dans la mosaïque identitaire pourrait être une bonne approche, dans la mesure où les outils d'analyse des dynamiques des dons existent déjà...

Finalement, l'importance de l'argent en tant qu'élément moteur majeur de la fabrique des identités urbaines pourrait aussi être envisagée.

Commentaires de Eva Souleymane : « Le Tchadien s'identifie à son clan/tribu c'est par nécessité et par survie car on survit grâce à son clan parce que en matière de paiement d'études, de frais médicaux c'est le clan qui est en premier. Du coup, il est très difficile de se substituer à son clan au risque de se faire bannir et de là on voit les mariages arrangés même s'il y'a opposition d'une des deux parties. Mais l'éducation fait changer les enjeux tant dans le choix des mariages et souvent pour ne pas se faire honnir certains (es) se marient et divorcent quelque temps après. De nos jours même les hommes cherchent celles qui travaillent et l'on constate plus d'ouverture vers ce chemin car la famille constitue le socle de l'individu. Mais toutefois chez nous, c'est le clan qui fabrique l'individu des études jusqu'à l'obtention d'un travail, le clan peut mettre de l'argent pour t'aider à ouvrir un business mais en contrepartie tu dois rester dedans par le mariage, donc certains se sentent en prison juste pour plaire.

Par contre l'Occident a réussi à investir massivement dans l'éducation et la prise en charge médicale pour rendre l'individu libre de ses choix, car avec l'éducation on crée de la richesse en termes d'emplois. Voilà pourquoi on voit des milliers d'Africains aller mourir pour ce rêve d'obtenir un emploi et une éducation sans passe-passe.

Quand tu critiques le pouvoir, les oppositions applaudissent... et les militants des partis qui gouvernent ensemble en ce moment te regardent faire... sans broncher...Mais quand tu critiques les oppositions, leurs militants se jettent sur toi à bras raccourcis, et s'ils ne peuvent pas te faire la peau, ils diront que le pouvoir te paie pour critiquer les oppositions... Je connais un qui subit en ce moment même les assauts répétés des oppositions qu'il a choisi d'analyser et de critiquer...Bizarre, non ? ».

XII

DEUX TCHAD...ET LA QUESTION DE NOTRE DÉFICIT DE RÉFLEXION STRATÉGIQUE

Pour commencer, je suis tombé tout à fait par hasard sur une vidéo montrant une présentation de Neil Turok[1] dans les conférences TED en 2008. Neil Turok y prononçait ce discours à la réception du prix TED de l'année 2008 qui lui avait été attribué pour ses recherches sur les origines de l'univers, mais aussi pour son engagement dans la formation scientifique en Afrique. Sa présentation PowerPoint sur les théories de l'origine de l'univers est excellente, mais ce qui a surtout retenu mon attention, et suscité en moi beaucoup d'enthousiasme, ce sont ses paroles sur l'Afrique. Neil est Sud-Africain. M. Turok établit un constat très simple : l'Afrique n'existe pratiquement pas sur le plan scientifique. Si vous regardez les cartes interactives du projet worldmapper[2], en sélectionnant par exemple *production de brevets*, vous verrez que l'Afrique y est représentée par un fil presque invisible, tandis que les autres parties du monde sont représentées par des bulles énormes et élégamment colorées[3].

Les raisons du déficit scientifique africain tiennent essentiellement à l'absence d'enseignement des mathématiques sur le continent africain, dit Neil Turok.

---

[1]http://www.ted.com/talks/lang/eng/neil_turok_makes_his_ted_prize_wish.html).

[2] www.worldmapper.org

[3] http://www.worldmapper.org/display.php?selected=167

L'insuffisance de personnes formées dans les mathématiques rend difficile la création et la mise en place de solutions à nos problèmes. Neil Turok a en partie raison. Le monde actuel est essentiellement construit à partir de solutions souvent testées et vérifiées à travers des modèles mathématiques et statistiques, puis mises en place selon des procédures elles-mêmes construites à partir de solutions mathématiques (graphes PERT en gestion des projets, méthodes Six Sigma dans le domaine de la production industrielle, etc.).

Mais Neil Turok ne s'était pas contenté de faire un constat et de s'en aller. Lui et ses amis de l'université de Cambridge ont décidé de prendre le taureau par les cornes et de lui montrer le bon chemin. Ils ont ainsi créé le AIMS (African Institute of Mathematics Sciences)[4] au Cap en Afrique du Sud. En 9 ans, AIMS a ainsi formé plus de 600 mathématiciens africains originaires de 21 pays, et rédigé quelques-unes des plus belles histoires de réussites individuelles et collectives dans le domaine scientifique en Afrique.[5]

La vidéo de Neil Turok m'a apporté un éclairage supplémentaire sur les discussions relatives aux causes de notre retard matériel. L'insuffisance de formations dans nos pays, mais surtout l'insuffisance de formations scientifiques et techniques sont certainement parmi les causes de nos problèmes de développement matériel. Mais ces causes

---

[4] http://www.aims.ac.za

[5] Cette année par exemple, 3 étudiants AIMS originaires de l'Afrique Sub-Saharienne ont été sélectionnés pour le programme de la NASA pour les recherches sur les modèles de calculs des singularités dans l'espace, autrement dit la physique des trous noirs, et un étudiant originaire de l'Afrique de l'Est a rejoint le groupe de recherche de Stephen Hawking – le célèbre physicien titulaire de la chaire Newton à Cambridge

étaient déjà connues depuis bien longtemps. La question qui vient à l'esprit est donc la suivante : pourquoi et comment les élites africaines se sont-elles désintéressées des formations scientifiques et techniques alors qu'elles savaient que les progrès économiques et la liberté sont d'abord des progrès technologiques ? Yves Nya Ngatchou[6] avec qui je discutais un jour des raisons des réussites apparentes des étudiants Bamiléké du Cameroun dans les domaines scientifiques et technologiques m'a expliqué qu'il n'y avait rien d'exceptionnel à cela.

Les jeunes Bamilékés étaient encouragés par leurs parents à orienter leurs études vers des formations d'ingénieurs ou et/de scientifiques pour une raison simple : les premiers Bamilékés qui ont matériellement réussi leurs vies étaient tous des comptables ou...des techniciens ! Et leurs réussites sociales sont des modèles. Il s'agit donc d'une simple question de modèle social. Si je généralise l'argument d'Yves Nya Ngatchou au niveau continental, les premières élites africaines postcoloniales avaient très tôt préféré les études littéraires et juridiques aux formations dans les sciences dites dures parce que les administrateurs coloniaux, symboles d'aisance matérielle en ces temps, et ceux qui leur ont succédé (nos premiers chefs d'États) étaient majoritairement juristes, avocats, écrivains, professeurs de lettres, etc. Leurs réussites sociales visibles devaient certainement à leurs formations de base, avaient dû se dire les jeunes de l'époque, s'engouffrant tous en même temps dans les classes de droit et de journalisme avec la réussite que l'on connaît pour nos pays et nos économies.

Mais les temps ont changé. Les modèles de réussite d'aujourd'hui, quand ils sont d'honnêtes gens, se recrutent de plus en plus parmi les ingénieurs et parmi tous ceux qui

---

[6] Directeur général de Stockaj SA www.stockaj.com

ont préféré la discipline précise des mathématiques aux discussions certes intéressantes et logiques, mais plus imaginatives des sciences sociales (droit, économie, sociologie, etc.). Neil rêve de voir le prochain Einstein naître en Afrique, et sortir de l'AIMS ou de tout autre centre de formation scientifique africain.

C'est un rêve tout à fait réaliste quand on voit le formidable résultat de l'école du Cap, ou encore les récentes réussites de quelques ingénieurs africains travaillant pour des multinationales opérant sur le sol africain.

Poser la question du déficit intellectuel du Tchad énerve tout le monde. Intellectuels, journalistes, faiseurs d'opinions et hommes politiques, tout le monde récuse la question telle qu'elle est posée. On a souvent essayé de la reformuler, et de la remettre sur le tapis en des termes moins brutaux.

Des formules surtout plus aptes à caresser nos susceptibilités sans doute !

Pourtant, les faits nous donnent totalement tort. En 2010 par exemple, sur environ 850,000 brevets internationaux déposés dans le monde, l'Afrique en a produit au mieux une centaine. En 2019, sur environ 3,5 millions de brevets, l'Afrique en a produit quelques milliers. Le Tchad, rien.

...EVIDEMMENT PARLER DE DEUX TCHAD, ET PARLER DE FÉDÉRALISME, RAMÈNE TOUJOURS LE RÔLE DES INTELLECTUELS DANS LE DÉBAT....

Un conflit fratricide, longtemps larvé, monte en puissance et devient de plus en plus meurtrier. Ce conflit est la conséquence directe d'un système de gouvernance malade et qui ne suscite plus ni confiance, ni véritable adhésion.

Je ne reviendrai pas sur les causes de nos guerres intestines, ni sur ce qui les caractérise.

Je voudrais simplement insister sur une chose : ceux et celles qui meurent au combat ou comme victimes collatérales des combats, sont tous et toutes Tchadiens et Tchadiennes. Et malheureusement, le point où nous sommes arrivés aujourd'hui fait oublier cette vérité simple... Et donc dans le pays, et au-delà, les voix raisonnables sont devenues rares, préférant se taire, pour éviter d'être cataloguées pour ou contre...

Et pourtant, c'est effectivement dans ces moments compliqués que les voix raisonnables devraient se faire entendre, avec clarté et intelligence. Si je devais faire un dessin, le Tchad en ce moment se présente comme suit :

1- Un pouvoir décrié, mais qui se cramponne, et semble refuser obstinément une approche civile de résolution des conflits, mais aussi du changement ;

2- Une opposition armée, obstinée à obtenir ce qu'elle réclame par la force, car dit-elle, seule la voix des armes pourrait faire entendre raison au régime en place ;

3- Une société politique civile complètement marginalisée, par trente années de luttes infructueuses, souvent à cause de son incapacité à s'unir autour d'un projet commun, et dont certains membres et leaders regardent avec opportunisme les coups de canif que les politico-militaires donnent en ce moment au régime ;

4- Une société civile dépendante des alliances politiques, inexorablement appauvrie par des règles et des systèmes conçus pour l'empêcher de prendre son essor, et qui est devenue atone ;

5- Des citoyens traumatisés par la pauvreté, et entièrement enfermés dans des clivages conçus et fabriqués par l'histoire et par la démission morale de leurs élites, totalement battus par une pauvreté jamais égalée ;

6- Un pays parmi les plus pauvres au monde, avec une population majoritairement jeune mais abandonnée à elle-même, et exclue des processus économiques et politiques, et qui cherche désespérément des repères qui se font de plus en rares...

Autour de ce dessin sommaire, et loin des cliquetis des armes mais aussi des gémissements de douleurs et de pauvreté, les intellectuels...

Je suis incapable de dessiner, même grossièrement, le monde intellectuel tchadien. Mais il est visiblement à l'image de notre pays : pauvre en contenus, mais aussi pauvre au plan éthique. Au moment où tonnent les obus, et où des frères déchiquettent d'autres frères, on s'attendrait à ce que les intellectuels se lèvent, et prennent courageusement position pour la paix et le changement civil, quand bien même ce dernier se fait désirer, et refuse de pointer son nez. Mais visiblement, beaucoup d'intellectuels refusent simplement de se faire entendre.

À mon humble niveau, et à cause de mes prises de position clairement anti-mouvement armés et pour le changement par la voie pacifique et structurée, je lis ici et là des commentaires et posts désapprobateurs en provenance de plusieurs catégories de personnes : les supporters des mouvements armés, naturellement ; quelques leaders de partis politiques, qui se disent que la guerre pourrait être une opportunité pour remettre les choses à plat et qui ne comprennent pas mon refus catégorique de soutenir un mouvement rebelle, et qui me demandent, à défaut de soutenir les rebelles, de simplement garder le silence face aux massacres entre Tchadiens ; nombre de mes amis aussi, qui souhaitent me préserver d'une exposition pas trop souhaitable aux discours de haine dont je pourrais éventuellement faire l'objet, à force de critiquer ouvertement des rebelles qui semblent populaires dans une partie de l'opinion, en rejet du système actuel.

Et pourtant, je reste convaincu que le débat doit avoir lieu. À tous les niveaux, avec tout le monde. Il n'est pas question par exemple de s'emmurer dans cette posture habituelle africaine consistant à rester au-dessus de la mêlée, et professant de rares paroles prétendument intelligentes sensées porter sa science... Le débat doit avoir lieu, et avec tout le monde, dans le langage de tout le monde. Il doit avoir lieu avec les étudiants, et les politiques. Avec des jeunes et des moins jeunes. Avec ceux qui sont au pouvoir et ceux qui combattent ce pouvoir par les armes, mais aussi ceux qui s'y opposent par le droit. Personne n'est trop petit pour ce débat. Et le rôle des intellectuels c'est de parler avec tout le monde, et à tout le monde, car ils sont des médiateurs.

À votre avis, que doivent donc faire les intellectuels ? Soutenir les changements armés, en désespoir de cause, ou appeler à la raison et travailler comme toujours à susciter des débats intelligents avec l'espoir de voir apparaître des solutions et des leaderships différents ? Ou simplement faire semblant de n'avoir rien vu, ni entendu et continuer tranquillement leurs « douces petites vies bien osées » pour paraphraser Koulsy Lamko ?

Je ne vais pas me lancer dans des comparaisons totalement inutiles. Il est toutefois important de noter que le nombre de brevets (et donc des inventions), est un très bon indicateur du désir de progrès. Les entreprises multinationales par exemple, donnent une valeur financière tangible aux brevets qu'elles détiennent. Ceux-ci sont soigneusement protégés, car ils représentent pour les investisseurs une promesse de profits actuels et futurs.

La protection des brevets est un domaine stratégique pour tous les pays occidentaux, et de plus en plus pour les pays dits émergents.

Il y a quelques mois, je postais sur Facebook une note déplorant le nombre ridicule de brevets produits par nos pays, et interrogeant en même temps les discours actuellement à la mode sur l'émergence économique proche de notre continent, et l'idée même d'un Tchad prochainement émergent. L'Afrique est de plus en plus présentée comme le futur Eldorado après la Chine et les pays du sud-Est asiatique.

J'ai du mal à croire les projections et les chiffres présentés par les spécialistes, tant les réalités en cours ne semblent pas coïncider avec cet optimisme.

En examinant les chiffres de la croissance des pays africains de plus près, on remarque que les progrès économiques récents sont tirées davantage par une exploitation accélérée des ressources naturelles, que par une véritable création de richesses par accumulation et mise en valeur de capitaux.

D'autre part, la construction des classes moyennes qui forment le groupe des consommateurs locaux, est elle aussi freinée tous les 5 ans par des conflits régionaux qui déstructurent les tissus économiques et remettent les compteurs chaque fois à zéro. En réalité, l'Afrique est présentée comme le futur Eldorado davantage pour des raisons démographiques que pour de futures créations de richesses.

PARLER DE DEUX TCHAD, C'EST AUSSI PARLER D'ÉCONOMIE, D'AFRIQUE, ET DE SON ÉMERGENCE....

L'Afrique ne peut pas être le futur Eldorado décrit par les économistes. Dans le meilleur des cas, notre continent sera toujours un réservoir de consommateurs de produits bon marché, mais difficilement un véritable créateur de richesses mondiales. Les raisons sont à trouver dans le déficit institutionnel mais aussi intellectuel que nous négligeons volontairement, ou par conditionnement. Ce déficit est plus criard dans les domaines stratégique, scientifique et technologique. Nous avons très peu de réflexions stratégiques autour des questions de l'énergie, de l'environnement, de l'agriculture, des technologies, de la défense stratégique et de la mondialisation. En ce qui concerne le pétrole, tous les experts sérieux en prédisent la fin dans les 3 à 5 prochaines décennies.

Les recherches sur les énergies renouvelables concentrent en ce moment les meilleurs cerveaux occidentaux. Elles sont cependant encore loin d'aboutir à des résultats satisfaisants. En attendant de trouver ce qui pourrait remplacer le pétrole en tant que source d'énergie moins chère et principale matière première de l'industrie moderne, plusieurs pays occidentaux travaillent à sécuriser les réserves qui leur seront nécessaires au moment où il n'en restera plus que quelques gouttes. Les conflits irakiens, afghans, et en ce moment, russo-ukrainien, et l'instabilité entretenue du Moyen-Orient font certainement partie de ces programmes de sécurisation. Les révolutions arabes de la décennie 2010-2020, bien que conduites par des jeunes gens en rage de vivre, cachent mal le rôle d'instigateur et de motivateur des puissances économiques.

L'exemple de la rébellion libyenne et ses conséquences désastreuses sur le Sahel est une preuve suffisante, à mon avis, de ce que les récentes révolutions africaines ne sont pas totalement des révolutions internes. Le vent de changement qui souffle sur le monde est souhaitable, mais les planificateurs de ces révoltes savent que les très grosses tempêtes peuvent aussi être dangereuses. La Tunisie fut un test réussi. Il était devenu nécessaire de laisser l'Egypte respirer si on voulait être certain de garder le contrôle des ressources pétrolières du Moyen-Orient. Mais une Egypte qui respire, une Égypte démocratique peut aussi être dangereuse sur le long terme.

Le conflit libyen, appelé à s'étaler encore, permettra ainsi d'entretenir quelques braises à glisser sous les pieds du futur géant arabe, dans le cas où il lui prendrait des envies de complète liberté. Contrôler le pétrole, c'est normal quand on est soucieux du bien-être de ses concitoyens. Les entreprises occidentales et celles des pays émergents travaillent en accord avec les plans stratégiques de long terme de leurs Etats. Le pétrole africain par exemple, est totalement contrôlé par 5 sociétés américaines et européennes. Aucun État africain, mis à part peut-être l'Algérie et l'Egypte, n'a une véritable idée de l'état de ses réserves, et de ce qui est véritablement pompé chaque jour. Il suffit pour s'en convaincre d'examiner attentivement les publications annuelles sur les réserves du Golfe de Guinée par les pays et les pétroliers eux-mêmes. Les chiffres varient d'une année à l'autre, soit en positif, soit en négatif, alors même que très peu de nouveaux gisements sont découverts, du moins officiellement. Un exemple intéressant est celui d'Exxon Mobil au Tchad. En 2006, Exxon Mobil annonçait au gouvernement tchadien que les prévisions de production annoncées précédemment devaient être revues à la baisse.

La raison en était que les puits, une fois en production, ont révélé des quantités énormes d'eau que les géologues n'avaient pas détectées. La production du champ de Kome passe donc de 180,000 bbl/jour à 120,000 bbl/jour. Exxon Mobil continue toutefois de faire des forages chaque jour, depuis 2006, mais la production journalière n'a jamais augmenté depuis lors. Le Tchad n'a aucun moyen de vérifier les informations fournies par EM, ni même de contrôler ce qui est réellement pompé chaque jour. Il est probable que le gouvernement tchadien ne pense même pas à faire ce contrôle, car depuis cette année 2006, le pays est curieusement rentré dans une grande instabilité politique et sécuritaire. Et pas seulement le Tchad, mais pratiquement toute la région, de la RCA au Soudan.

....ET AUSSI EVOQUER LA QUESTION DE NOTRE DÉFICIT DE RÉFLEXION STRATÉGIQUE, ENCORE UNE FOIS

Tout cela est connu. Pourtant, il n'y a aucune réflexion autour de ces questions. Le pétrole restera toujours contrôlé par les firmes internationales.

La question à se poser est celle-ci : sommes-nous certains que nous pourrons toujours jouir des quelques retombées que l'exploitation de notre pétrole nous donne, le jour où les quantités produites seront si petites qu'elles ne pourraient plus suffire aux exploitants ? Rien n'est moins sûr. La réflexion stratégique sur les énergies et leur sécurisation passe forcément par une stratégie d'encadrement et de contrôle des Etats producteurs. On le voit dans le Golfe, de façon plus visible. Mais en Afrique, ce contrôle passe surtout par les Africains eux-mêmes.

Les Etats africains sont rongés par une instabilité structurelle consubstantielle à leur création. Ils ne pourront pas se libérer facilement. Et afin de rendre cette éventualité quasiment impossible, il est important que les systèmes de défense des pays africains soient de médiocre qualité.

Aucun pays africain ne possède une armée moderne digne de ce nom, mis à part l'Afrique du Sud, le Maroc, l'Algérie et l'Egypte. Une armée moderne, ce sont d'abord des réflexions stratégiques de défense et de sécurité. Nos armées sont structurellement préparées pour ne conduire aucune réflexion stratégique, ni de défense, ni de sécurité. Les élites africaines y ont beaucoup contribué en clochardisant systématiquement les armées et en privatisant la sécurité nationale.

Les armées africaines souffrent et continueront de souffrir non seulement du manque d'hommes de qualité, mais aussi du manque d'équipements modernes. L'armement de base des armées africaines est fait de kalachnikov et de mitrailleuses lourdes. Il n'y a pas de défense aérienne, ni de capacités d'informations. Finalement, sans armées, ni réflexion, notre continent restera toujours le continent pourvoyeur de matières premières.

...C'ESTAUSSI POSER LA QUESTION DU NATIONALISME, ET DU CHANGEMENT DE PARADIGME QUE CELA REQUIERT....

Les trois sujets ci-dessus sont sérieusement discutés en Europe, aux USA, dans les BRICS et en Asie. Pendant ce temps, les travaux de recherche en Afrique sont orientés tous vers d'autres sujets, sans intérêt stratégique réel pour notre vie actuelle, ni à venir. Je crois fermement que nos Etats sont structurellement incapables de penser de façon stratégique. Les ministères de la recherche scientifique par exemple, quand ils existent, n'ont même pas de siège.

Les Etats n'encouragent pas les programmes de recherche. Pourtant la recherche stratégique n'est pas simplement une question de moyens financiers. C'est d'abord et surtout des institutions de soutien, un environnement juridique protecteur de la propriété intellectuelle, et un engagement politique fort. Les élites africaines parlent aujourd'hui de plus en plus de nationalisme, et des personnages historiques comme Lumumba ou Nkrumah sont de plus en plus à la mode.

Pourtant, le nationalisme et les libérations nationales ne peuvent pas se faire sans une réflexion sérieuse sur les questions de contrôle des sources d'énergies, et des discussions approfondies autour des problèmes de défense nationale, de politique économique et de positionnement commercial.

Le nationalisme, ce ne sont pas les discours enflammés contre les Occidentaux, ni le fait de s'habiller chez Pathé O. C'est d'abord et surtout un discours cohérent autour des conditions de récupération et de contrôle des sources de matières premières, spécialement les sources d'énergies, et de notre capacité à nous défendre. Contrôler les sources d'énergies, être en mesure de se défendre convenablement sont les conditions nécessaires pour de meilleures renégociations des règles et des structures du commerce international. Ce n'est qu'à ce prix que la mondialisation pourra véritablement servir nos pays, et permettra d'assurer trois repas par jour à nos compatriotes, de la nivaquine, des routes et des écoles. Mais tout cela commence par un nouvel engagement en faveur de la production intellectuelle et de la réflexion stratégique, et de la re-création de nos institutions.

XIII

POURQUOI NOTRE PRODUCTION INTELLECTUELLE EST QUASI INEXISTANTE ?

On le savait déjà, mais le COVID-19 le montre plus crûment : la part de l'Afrique dans la recherche et la production des connaissances scientifiques et des technologies est ridicule. En 2018 par exemple, sur plus de 3 millions de brevets déposés dans le monde, l'ensemble des pays africains réunis compte moins de 15,000 brevets déposés et acceptés. L'Afrique du Sud est le premier pays producteur de brevets en Afrique (plus de 60% des brevets), suivi de l'Egypte et du Maroc. La part des pays francophones approche les 0%.

En ce qui concerne les publications scientifiques et techniques, l'Afrique compte pour moins de 3% du total mondial, derrière l'Amérique latine (environ 8%), et loin derrière l'Inde...

En ce qui concerne les domaines de recherche, et des dépôts de brevets, l'Afrique du Sud privilégie les sciences médicales, la biologie animale et végétale, l'astrophysique et les sciences des plantes. L'Egypte quant à elle privilégie les recherches en chimie et dans le domaine du changement climatique. Encore une fois, les pays francophones sont quasi inexistants, à l'exception notable du Sénégal ou du Maroc. A noter que selon le rapport de l'OMPI 2018, le Maroc se range dans le trio de tête des pays africains ayant déposé le plus de brevets avec environ 2000 brevets pour la période 2016-2017.

Les universités africaines les plus réputées apparaissent rarement dans les listes des institutions de recherches les plus efficaces et les plus productives, à l'exception notable des universités sud-africaines et égyptiennes. En fait, il n'existe même pas un réseau continental de chercheurs couvrant 100% des États africains et leurs universités.

Cette description, triste au demeurant, ne doit toutefois pas nous empêcher de penser l'avenir.

Le COVID-19, en mettant en lumière nos déficits structurels dans tous les domaines de la vie moderne (recherche, production de connaissances, production de technologies, industrialisation, distribution), constitue aussi un rappel de l'urgence qu'il y a à repenser notre système d'enseignement, nos capacités de recherche, nos modèles de coopérations (afin d'y intégrer la coopération dans la recherche scientifique), et notre système de gouvernance politique et administrative. Mais le plus important et la clé du changement reste la volonté politique. Nous avons besoin d'une volonté politique qui aspire à devenir productrice plutôt que consommatrice.

Et si finalement le problème du Tchad était celui du manque d'idées ?

La question est sans doute banale. Les réponses sont souvent entendues. Les origines de notre pauvreté sont connues. Les solutions ont été identifiées.

Mais les faits restent les mêmes : nous sommes certainement l'un des pays les plus durs au monde. La qualité de la vie est une notion inconnue sur nos terres. Nous avons des hôpitaux mais pas de médecins. Nous avons des écoles mais pas d'enseignants. Nous avons des tracteurs mais pas d'agronomes. Nous avons du pétrole mais pas d'idées.

Le manque d'idées est sans doute ce qui fait la particularité du Tchad. Les habitants de ces terres arides semblent totalement dépourvus d'imagination et de créativité. Il semble pourtant que ce n'était pas ainsi il y a quelques années.

Pour rester simple, je dirais que le Frolinat a tué l'imagination au Tchad. Un ami à qui j'expliquais cela m'a répondu que mon explication est inutilement provocatrice. Il a raison, sans doute. Mais il faudrait bien que quelqu'un dénonce aussi cet aspect méconnu des crimes de notre mouvement de libération. Si je dois proposer une perspective plus dynamique je dirais que trois facteurs sont à l'origine de notre incapacité à créer : les sécheresses des années 80, les exodes ruraux des années 80 et 90, et enfin le Frolinat et ses avatars. Mais en réalité tout remonte au Frolinat.

Les différentes guerres civiles tchadiennes ont profondément modifié la géographie humaine des terres sahariennes, sahéliennes et soudaniennes du Tchad. L'insécurité permanente entretenue dans les régions septentrionales du pays a entraîné un exode massif des populations.

.... C'EST AUSSI INVITER L'HISTOIRE AU SECOURS DU VIVRE ENSEMBLE

Définir le Tchad ? C'est toujours imprécis. Le Tchad a fait le choix d'être un pays laïc. Sa culture est négro-africaine avec de fortes influences orientales venues de l'Orient et du Soudan voisin, et un modernisme un brin occidental résultant du fait colonial, mais aussi de la globalisation actuellement en œuvre dans le monde entier. Je ne suis pas sociologue ni anthropologue, mais la configuration ethnique, linguistique et religieuse du Tchad est suffisamment complexe pour nous éviter des généralisations hâtives du genre pays islamique ou musulman, ou encore terre chrétienne ou animiste. Environ 53% des Tchadiens se définissent de confession musulmane. Mais ils ne sont pas de culture arabe, même si environ 20% des Tchadiens utilisent un dialecte arabe local comme langue maternelle et que l'arabe sous forme tchadienne reste le dialecte le plus parlé du pays. Or tous les pays qui se sont déclarés République islamique sont de culture arabe (Arabie Saoudite) ou s'efforcent d'y ressembler (Pakistan, Mauritanie). Il est donc difficile de caractériser le Tchad comme une nation islamique. Mais le Tchad n'est pas aussi une nation chrétienne ?

Pour ma part, je crois qu'il est important de reconnaître les faits suivants : le Bassin tchadien est un carrefour de l'histoire, un bassin de civilisations différentes, une rencontre de cultures et de manières de voir et de pratiquer le monde. Le premier regroupement social organisé en royaume au Tchad a été le Kanem, devenu par la suite kanem-Borno.

L'histoire du Kanem-Borno est emblématique de ce qu'est le Tchad d'aujourd'hui. A l'origine, fondé par plusieurs groupes de populations nomades et semi-sédentaires, le royaume finira par embrasser l'Islam suite à la conversion du roi, qui, tout en laissant à tous ses sujets le libre choix de leurs orientations confessionnelles, exigera que tous les membres de la Cour du roi adoptent l'Islam comme leur religion. Le Kanem, qui fut ainsi le premier royaume tchadien à avoir embrassé l'Islam, le fit dans la tempérance et le respect des croyances individuelles. L'Islam finira par devenir la religion officielle et populaire du royaume, et les caractères arabes furent adoptés comme écriture d'alphabétisation et d'éducation dans le royaume. Les diwan, tables biographiques retraçant la vie des souverains du royaume, seront ainsi rédigés en langue kanembou mais avec des caractères arabes.

Le royaume du Kanem-Bornou était un pays cosmopolite. Les sujets du royaume étaient Kanembous, Bornos, Kredas, Bilala, Boudouma, arabes, Toubous, Kotoko, Kouka, et plus loin, les premiers habitants de ce qui sera plus tard le royaume du Baguirmi, ou les royaumes des pays Mandaras. En réalité, le Kanem-Bornou fut le tout premier Tchad en miniature.

Mais les Tchad en miniature, il y en eu encore. L'avènement du royaume du Bilala, en démantelant la première dynastie des May, accélèrera la formation du caractère cosmopolite du Kanem-Bornou, mais permettra aussi une diffusion plus large des systèmes sociaux, et des modes d'organisation économiques et culturels du royaume.

.... C'EST S'INTERROGER SUR LE TCHAD ET SES CADRES

Le Tchad manque-t-il vraiment de personnes bien formées? La question peut paraître incongrue tant tout le monde s'accorde pour reconnaître que le principal point de faiblesse de notre pays aujourd'hui, c'est le manque de personnes bien formées. Le site wordmapper.org par exemple classe le Tchad bon dernier pour le nombre d'étudiants inscrits dans les universités (en réalité, c'est surtout l'Afrique centrale qui est bon dernier et qui tire aussi le reste de l'Afrique vers le bas). Le même site positionne l'Afrique en général au bas de l'échelle pour la production scientifique, le nombre d'ingénieurs et le nombre de médecins par rapport à la population.

Entre l'Inde et l'Afrique par exemple, il y aurait un rapport de 3 pour 1 ! Les chiffres, objectifs, décrivent notre pauvreté et font entrevoir que la solution passe par plus de médecins, davantage d'ingénieurs, plus d'enseignants, etc. Le plus se justifie donc par le manque. Mais dans ce cas, comment expliquer que des médecins soient au chômage au Cameroun, au Tchad ou encore en Côte d'Ivoire ? Issa, un jeune ingénieur tchadien sorti de 2IE, probablement la meilleure école d'ingénieurs d'Afrique francophone, est toujours sans emploi neuf mois après avoir décroché son diplôme. Et C., haut fonctionnaire du ministère des finances tchadien, formé à l'ENA et à Sciences Po Paris, est au chômage depuis plusieurs mois, malgré son expertise reconnue en finances publiques. Quand il s'agit de gaspiller les ressources humaines de leur pays, les Tchadiens sont probablement les meilleurs. Les couloirs des ministères par exemple sont pleins de cadres formés en Europe et aux États Unis, mais sous utilisés ou souvent sans fonction aucune. Ces fonctionnaires passent toutes leurs journées à lire les journaux et à siroter du thé, faute de travail.

Les hôpitaux sont sans médecins et infirmiers pendant que des médecins sans emploi faute d'intégration passent leurs journées dans les bars. Et le ministère des infrastructures crie au manque d'ingénieurs pendant que les ingénieurs de l'ENTP cassent les cailloux dans les ruelles poussiéreuses de la ville de N'Djamena. Finalement, c'est surprenant et même énervant d'entendre le Président du Conseil Militaire de Transition Mahamat Idriss Deby répéter à l'envie qu'il invite les Tchadiens travaillant à l'étranger à revenir travailler au pays car "le pays a besoin de vous"! Je me dis qu'il serait quand même plus logique de commencer par donner du travail à ceux qui sont déjà présents au pays et qui sont compétents. Ensuite on verra. Ceux de l'extérieur travaillent déjà et sont bien occupés. S'ils doivent rentrer chez eux pour être "gaspillés" comme on le fait avec ceux qui sont au pays, ça n'a aucun sens. Le Tchad a besoin d'une nouvelle politique publique de développement et de gestion des compétences.

DEEP DIVE : L'HISTOIRE SELON UN DE NOS CONTEMPORAINS

Nene Ehemir - #Tchad #CNT l'aveu

« Contrairement à ce que je pensais, le Tchadien que nous sommes est un individu disposé à tous les compromis et donc compromissions pourvu qu'il y trouve son avantage immédiat.

On adore rigoler des autres Africains que l'on tient pour des personnes vils pour leurs bassesses et autres postures tout aussi méprisables.

En fait, nous sommes pires qu'eux et cela se confirme depuis quelques jours avec son point d'orgue, hier, à l'annonce de la mise en place d'un organe qui ressemble, à tous points de vue, à une sorte de chambre du monarque chargée d'enregistrer, sans broncher, au risque d'être viré, les prescriptions du même monarque ! Qui t'a mis là ? Affamé que tu étais !!!

J'entends souvent certaines bonnes âmes nous rappeler - comme unique solution crédible - les lendemains de la conférence nationale souveraine de 1993 par la mise en place du conseil supérieur de la transition. Au risque de vous décevoir, ce CST, ses membres, supposés "souverainement" désignés, en termes de crétinerie, je ne sais quel organe pourrait bien les dépasser ! [Les anciens membres de ce machin, ne prenez pas ce que je dis pour personnel]

Il faut oser le dire, le CST avait été celui qui avait tué la démocratie naissante !

Ses membres, tous des carriéristes, démocrates au quart temps, afin de ménager leur avenir professionnel, avaient, en effet, opté pour la compromission au lieu de jouer la règle universelle de contre-pouvoir que leur mission souverainement donnée par l'assemblée leur a assignée, la CNS (Conférence Nationale Souveraine)

Pourquoi une telle affirmation ?

Déjà en 1993, on se souvient encore de cinq événements majeurs dont ils n'ont joué que le dernier acte en faveur du régnant de l'époque.

- Fin juillet 1993, massacre au marché de Gninguillim dans le Ouaddaï. Selon les estimations les plus crédibles, il y'eut environ 120 morts. Silence absolu du Premier ministre de transition Fidel Moungar et du CST (Conseil Supérieur de Transition), tous deux des émanations de la CNS. Aucune commission d'enquête ne fut mise en place, encore moins l'interpellation des membres de l'armée ou encore, l'exigence du limogeage des chefs militaires et leur poursuite devant les tribunaux.

- Bis repetita : 08 août 1993, à N'Djamena, une violente répression contre ceux qui n'étaient, au début, que des personnes en deuil, suite au massacre de Gninguillim. On leur interdit d'organiser leur prière au lycée de la liberté. De manière précise, il y eut 47 tués dont 8 membres des forces de sécurité pour l'essentiel, des policiers du CA1 et 4.

- Fin août 1993, signature en Libye d'un accord de «paix» entre le chef du CNR, Abbas Koti, et le représentant du Président de la République. Ni le Premier Ministre de transition encore moins son gouvernement ou le CST ne furent associés de près ou de loin. Le chef rebelle rentre au pays suite à cet accord.

- Septembre 1993, sur fond de tensions entre la Présidence et la Primature au sujet de "frais de mission" entre une mission à Washington d'un conseiller de la Présidence d'une part et d'autre part, une délégation qui devrait entamer des négociations dans le Logone oriental avec le FARF de Laoukein Bardé, le directeur des douanes, Bour Nadoum, voulant mettre de l'ordre dans la brigade mobile (les fameux bogo-bogo) s'est heurté à une résistance qui conduit à la mort de deux bogo-bogo qui attaquaient armés son bureau. Hors de tout cadre légal, c'était le commandant de la garde républicaine (futur rebelle pour combattre l'injustice disait-il, paix à son âme) qui fit procéder à l'arrestation du directeur des douanes qu'il fera ensuite bastonner par ses sbires et exigera la Dia des deux bogo-bogo morts. Silence absolu du gouvernement de transition et du CST. Fort heureusement pour ce directeur, ce fut grâce à sa famille française que les autorités françaises exercèrent une pression sur la présidence pour que le directeur soit relâché et exfiltré.

- Octobre 1993, Le colonel Abbas Koti est exécuté à N'Djamena dans l'indifférence du gouvernement et du CST. Pourtant, dans cette affaire, via la manchette pro-gouvernementale *Le Progrès*, la Présidence avait publié un pseudo projet de coup d'Etat prétendument signé par le défunt Colonel. Autrement dit, ce pseudo projet, s'il réussissait, allait concerner aussi les institutions de la transition... Ça ne nous regarde pas, c'est entre eux !!

- Novembre 1993, par une pseudo "motion de censure" qui reste assez mystérieuse jusqu'à nos jours, le CST s'acharne, avec sarcasmes, contre le Premier Ministre de transition Fidel Moungar l'accusant pêle-mêle de mauvaise gouvernance, d'autoritarisme et plus étonnant, d'avoir constitué sa garde personnelle de militaires originaires de sa région. On sait qu'à la même époque, à la garde républicaine "GR" et son pendant, la sécurité rapprochée "SR", l'homogénéité régnait...

Tout compte fait, Fidel Moungar est congédié et remplacé par Delwa Kassiré Coumakoye qui s'attelle, avec le CST, à détricoter l'ordonnance du 15 octobre 1991 sur le multipartisme, ouvrant la voie à la création d'innombrables partis, contre des espèces sonnantes et trébuchantes, lors des scrutins électoraux.

Le "CNT" mis en place hier sera l'exacte copie de ce que fut le CST. Il n'a pour mission que d'accompagner une forfaiture annoncée. Celui qui te désigne et te nomme n'est-il pas ton maître ?

Il n'y a pas d'autre alternative que l'élection d'une Assemblée Constituante à l'issue du dialogue inclusif. Pas besoin d'une chambre d'enregistrement budgétivore pour le moment. Le régnant peut légiférer par ordonnance, conseillé par son pléthorique cabinet. »

.... C'EST S'INTERROGER, DE MANIÈRE GÉNÉRALE, SUR LA PLACE DES LANGUES NATIONALES DANS LA GOUVERNANCE ET LE DÉSIR DE FAIRE DE L'ARGENT ET DE LA SCIENCE

Je reproduis ici le texte d'une conférence que j'ai donnée en juin 2020 à l'Université de Witwatersrand à l'occasion de la Journée de la Renaissance Africaine... Mon texte initial étant en anglais, j'en ai fait une traduction française qui ne rend pas vraiment justice au texte original (Je ne suis pas traducteur professionnel, malheureusement, et donc souvent incapable de traduire mes propres textes correctement) ... Le texte est général, et ne parle pas du Tchad... mais... « Sciences et Renaissance africaine... »

• Le monde a enregistré environ 3,17 millions de brevets en 2018. À elle seule, la Chine en a enregistré 1,3 million, tandis que les États-Unis en ont enregistré 0,65 million, soit environ la moitié des brevets chinois. Dans l'ensemble, l'Afrique a enregistré 12 500 brevets, dont plus de la moitié (7 000) pour l'Afrique du Sud, suivie du Maroc (2200).

• En ce qui concerne les dépôts de marques, l'OMPI a enregistré plus de 12 millions d'activités de dépôt en 2018. La Chine représentait à nouveau environ 46 % de toutes les activités de dépôt de marques.

Mais ici, il y a un indicateur intéressant à surveiller : l'Afrique du Sud a augmenté ses activités de dépôt de marques de commerce de 36% d'une année à l'autre, et se positionne désormais dans le top 10 mondial pour le nombre de classes de demandes par unité de PIB.

Il convient également de noter que les activités de dépôt de marques par secteur sont dominées par l'agriculture et l'habillement pour la Chine, la santé pour les États-Unis et la recherche et la technologie pour les pays européens.

En ce qui concerne la conception industrielle, l'OMPI a enregistré environ 1,2 million d'activités de dépôt de design en 2018. 50 % de toutes les activités de dépôt de conception industrielle venaient de Chine et le reste est réparti entre les États-Unis, la Corée du Sud, le Japon et les pays européens.

Le Maroc, l'Afrique du Sud et l'Egypte sont les seuls pays d'Afrique à avoir déposé des demandes de design industriel. En fait, l'Afrique du Sud, le Maroc et l'Égypte sont même classés parmi les 20 premiers pays pour le dépôt de conception industrielle selon l'OMPI.

Les rapports de l'OMPI sont intéressants sur de nombreux points et je voudrais partager les observations suivantes :

Premièrement, les statistiques donnent l'impression qu'il existe une forte causalité entre le nombre de brevets dans un pays donné et son système politique. De nombreux spécialistes des sciences sociales ont déjà démontré qu'un système politique caractérisé par la liberté de pensée et la liberté d'expression est bon pour la science. Mais si vous regardez le nombre très attentivement et que vous entrez dans les détails par pays, vous verrez que le nombre de brevets n'est pas nécessairement corrélé avec la liberté d'expression. En fait, il y a des pays qui ont un très grand nombre de brevets, mais un système politique très serré et fermé. Par conséquent, il peut y avoir autre chose. Et j'y reviendrai.

La deuxième observation est qu'il semble qu'il existe une forte corrélation entre le nombre de brevets et le PIB. En fait, les deux plus grands acteurs ici sont les États-Unis et la Chine, les deux premières économies les plus grandes, et probablement les plus riches du monde. Mais là encore, en examinant attentivement les chiffres, vous remarquerez qu'il y a des pays dont le PIB est assez modeste et qui ont produit un nombre incroyable de brevets.

Cela indique clairement que le PIB n'est pas tout. Il pourrait y avoir un autre facteur, qui bien sûr pourrait avoir quelque chose à voir avec l'argent ... mais il a probablement plus à voir avec la façon dont cet argent est utilisé.

La troisième observation est que dans la plupart des pays, les États-Unis ou la Chine ou même l'Afrique du Sud, le secteur privé est le plus grand sponsor de production de brevets. Et si vous examinez à nouveau attentivement le rapport, vous verrez que les seuls pays africains qui ont dépassé un millier de brevets sont ceux caractérisés par un secteur privé solide.

Mais pas seulement : le secteur privé dans ces pays est beaucoup mieux organisé, formalisé et structuré que dans tout autre pays africain.

La leçon est donc que le secteur privé, en particulier le secteur privé informel, ne produit pas de brevets et n'innove pas.

Lorsqu'on examine l'histoire des pays qui sont actuellement à la pointe de la science, de la technologie et de l'innovation, et confirmés par leurs classements dans la production de brevets, cinq facteurs ont joué un rôle important :

• Un secteur public fort avec une gouvernance transparente et solide ;

• D'énormes investissements publics pour créer les conditions nécessaires à l'émulation de la recherche ;

• Un secteur privé extrêmement compétent, y compris un secteur bancaire dynamique ;

• Un système éducatif de premier ordre ;

• Une forte identité culturelle.

Maintenant, vous verrez que les facteurs ci-dessus ne sont pas sorciers et tout pays africain qui veut véritablement les mettre en place peut le faire. Mais il semble que cela ne fonctionne pas vraiment pour nous. La question est donc, pourquoi ?

Ma première réponse reviendra au défi de la gouvernance. La gouvernance semble facile, mais elle est l'étape la plus difficile à mettre en œuvre, en gardant à l'esprit les contextes historiques de la plupart de nos pays, et toutes les perturbations qui viennent de la colonisation, les politiques violentes et immorales européennes dans nos territoires et pays durant la propagation de l'idéologie coloniale.

La bonne gouvernance peut signifier beaucoup de choses, mais je garderai la plus importante ici : une façon équilibrée, transparente et rigoureuse de faire fonctionner le secteur public, et l'Etat. Cela fait défaut en Afrique.

Cela m'amène à mon deuxième point : parce que nos systèmes de gouvernance dans nos pays sont dysfonctionnels, notre fonction publique est devenue faible. Je ne vais pas passer du temps à discuter des raisons pour lesquelles il est important de réinvestir dans le renforcement du secteur public. Je vous dis plutôt que si nous n'amenons pas notre secteur public au point où il commencerait à paraître professionnel et compétent, nous devrions simplement oublier de réclamer que l'Afrique apporte sa part à la création mondiale de la science et du savoir.

La faiblesse du secteur public ne peut pas créer l'infrastructure nécessaire pour mener des recherches, créer des connaissances et des sciences.

Mon troisième point est qu'en raison des défis de gouvernance, qui ont créé un secteur public incompétent à travers le continent, nous avons fini par ruiner un domaine clé de nos économies : le secteur privé. Le rôle du secteur privé dans le financement et la conduite de la recherche et de la science est essentiel : le secteur privé est à la pointe de la recherche d'innovation, de nouveaux produits, de nouvelles idées d'où faire des profits. Mais cela ne fonctionne que pour un secteur privé organisé et structuré, qui fonctionne dans un système où la gouvernance est une réalité, et pas seulement des documents universitaires ou des discours politiques.

Notre secteur privé en Afrique est caractérisé comme informel. Sur les 95 millions de MPMEs en Afrique, moins de 8 % sont enregistrées et ont une façon moderne de fonctionner et de travailler. Bien sûr, ce n'est pas leur faute. Le secteur public a raté l'occasion de créer suffisamment d'actions incitatives pour formaliser les PME. Nous nous sommes retrouvés dans une situation où les PME sont incapables de profits ; elles sont toujours en mode survie.

Lorsque vous êtes en mode survie, vous n'investissez pas le peu d'argent que vous faites dans de nouvelles idées et la science.

Enfin, parce que nous avons des difficultés en matière de gouvernance, notre secteur bancaire est également faible et n'est là que pour financer les importations et les exportations. Les banques africaines ne financent pas l'innovation. Pourquoi le feraient-elles alors qu'il n'y a pas d'incitatif et que le cadre réglementaire actuel n'offre aucune garantie ?

Maintenant, avec tous les défis que j'ai décrits, cela signifie-t-il que l'Afrique ne peut pas mener de recherche, créer des connaissances et stimuler la science ? De toute évidence, l'Afrique a fait de grandes choses dans le passé, et notre histoire est pleine d'exemples de grands scientifiques africains et de leur contribution à la science mondiale .... Mais avec les défis d'aujourd'hui, la crise mondiale, sommes-nous encore capables d'intensifier notre jeu et de relever les nouveaux défis ?

Et je crois que nous devrions être capables de le faire, alors que nous reconnaissons ceux qui créent et innovent, nous devrions également élever notre niveau. Nous avons l'obligation de commencer à regarder grand, à penser grand... et pour ce faire, les conditions d'une gouvernance solide doivent être réunies. La condition d'un secteur public bien organisé doit être remplie. Une gouvernance solide, un secteur public qui fonctionne bien avec le principe de la reddition de comptes accéléreront la formalisation de notre système économique, plaçant le secteur privé et l'importance du profit au centre de notre cheminement de changement. La gouvernance crée les conditions et les infrastructures nécessaires pour alimenter la science et la recherche, et le secteur privé apportera le capital et les fonds nécessaires. C'est la voie à suivre si nous voulons vraiment la renaissance de notre continent. Il n'y a pas de renaissance sans science, et il n'y a pas de science sans gouvernance, responsabilité et finances, sans recherche de profit ! Et plus important encore, il n'y aura pas de science créée en Afrique si nous ne relevons pas notre niveau de jeu. Et nous ne pourrons pas faire monter notre niveau de jeu, relever nos défis et les défis du monde, si nous ne nous mettons pas à raconter notre propre histoire, et le dire au monde en utilisant nos propres mots, les mots de nos propres langues.

.... C'EST CONFIRMER QUE LA PAUVRETÉ EST LE PRINCIPAL FACTEUR DE LA DIVISION

D'après le rapport IDH du PNUD, une des conséquences de notre pauvreté, c'est qu'un enfant né, éduqué et grandit chez nous sera à l'âge adulte 71% MOINS PRODUCTIF qu'un autre enfant né et grandit ailleurs. Les élites responsables de notre pauvreté le savent très bien : ses membres laissent tranquillement leurs progénitures vivre et grandir dans d'autres pays, plus calmes et moins stressants, plus riches, dans un environnement qui les rendra à l'âge adulte 71% PLUS PRODUCTIVES que les autres Tchadiens... Le piège de la pauvreté se referme... Et les élites se reproduisent...

Les enfants deviennent les chefs, en remplacement des parents... Il suffit pour s'en convaincre de jeter un coup d'œil négligeant sur chaque liste de nominations...

Ceux et celles qui ne sont pas "enfants de..." ont atterrit là par pur hasard ! La pauvreté savamment et volontairement entretenue est une injustice majeure…

En 2001, le Tchad comptait 8 millions d'habitants. Le niveau de pauvreté était déjà énorme : environ trois quarts des Tchadiens vivaient avec moins de deux dollars par jour. Vingt ans plus tard, la taille de la population a doublé, et le Tchad est passé d'un PIB d'environ 1,5 milliards de dollars US à 12 milliards. Le niveau de pauvreté, quant à lui, n'a pratiquement pas changé : environ la moitié des Tchadiens vivent toujours avec moins de deux dollars par jour. Mais si en 2001, cette proportion représentait environ 5 millions de personnes, en 2021, les valeurs absolues ont bien augmenté et ce sont désormais 8 millions de Tchadiens qui vivent en dessous du seuil de pauvreté.

Entre temps, le pays a quand même augmenté son offre d'infrastructures (routes, bâtiments publics, écoles et universités, mais aussi hôpitaux et centres de santé), mais cette augmentation des services publics reste largement en deçà des besoins des populations. L'an dernier, le PAM annonçait que le Tchad comptait 6,5 millions de personnes en situation de détresse alimentaire ; environ 8 Tchadiens sur 10 n'ont pas accès à une eau potable contrôlée, et le centre de santé le plus proche reste toujours dans un rayon de presque 100 kilomètres.

D'autre part, malgré la multiplication du nombre d'écoles et d'universités, un rapport de l'Organisation Internationale de la Francophonie (OIF) publié en 2020 pointait un chiffre effrayant : un enfant sur deux entre au collège sans avoir maîtrisé ni la lecture, ni le calcul. Un autre chiffre, plus alarmant, fait dire à certains que le Tchad a dégoupillé une grenade à retardement : la grenade J. Avec un âge médian de 18 ans, le pays crée moins de 50,000 emplois formels, mais produit chaque année environ 200,000 nouveaux venus sur le marché de l'emploi.

La pauvreté au Tchad reste un caillou douloureux qui écorche mortellement les efforts des pouvoirs publics. En effet, malgré les milliers de milliards prétendument investis dans la lutte contre la pauvreté aussi bien par les partenaires que par l'Etat, celle-ci reste toujours à des niveaux alarmants, et résiste à toutes les tentatives visant à la réduire.

Plusieurs hypothèses ont été mises en avant pour expliquer les difficultés que rencontrent les pouvoirs publics dans leurs efforts de réduction de la pauvreté. Mais si les analystes s'accordent sur la plupart des causes de ce qui est assurément un échec, il est important de noter que plusieurs organisations internationales et des spécialistes pointent comme cause racine la faiblesse de la gouvernance.

Le Tchad est un pays vaste, clairement sous gouverné, et les services publics que sont la sécurité et la gestion territoriale sont centralisés, et relativement inexistants sur la majorité du territoire national. D'autre part, le contexte sécuritaire régional, et les défis qu'il engendre, opèrent une ponction importante sur les ressources publiques, réduisant ainsi la part réservée aux investissements productifs et de renforcement de capacités à une portion congrue.

Réduire la pauvreté nécessite un engagement fort du pouvoir politique et passe forcément par la conception d'une politique nationale solidement ancrée dans le contexte national et qui prend en compte les défis régionaux.

Une telle politique doit s'articuler nécessairement autour des quatre piliers suivants : éducation, santé, infrastructures et sécurité alimentaire. Les quatre piliers permettront de jeter les bases d'une approche intégrée du développement, et qui fonctionnera de manière multidimensionnelle.

Plus encore, une approche intégrée, pilotée par une gouvernance transparente et dynamique, dynamisera un secteur dont le Tchad a nécessairement besoin : le pays est jeune et a besoin de créer des emplois.

Voilà la situation de la pauvreté au Tchad. Toutefois, ce qui surprend, c'est que chaque fois que le sujet de la pauvreté et de la politique est mis sur la table pour expliquer en partie les difficultés de cohabitation sociale, à chaque fois qu'il y a un débat qui implique de parler de politique, de ce qui se passe dans notre pays, de la pauvreté, de l'injustice, du chômage, des problèmes de santé, de l'insécurité, de la mauvaise gouvernance, et même de la religion ou du Code de la famille, on entend toujours à un moment ou à un autre, les noms Hissein Habré, Ngarta Tombalbaye…

Puis le débat change complètement de ton, et le sujet initial qui était celui de l'injustice ou du chômage par exemple, est laissé de côté…Et brusquement, tout le monde devient expert de la période Tombalbayeenne ou Habreenne…Et puis on verra des jeunes Tchadiennes et Tchadiens lancer des accusations plus ou moins farfelues contre l'un ou l'autre des anciens présidents, puis réclamer des excuses à l'un ou à l'autre…

Et chose curieuse, personne ne dit vraiment qui doit s'excuser à leur place…

Reprenons donc encore une fois les chiffres… qui mentent rarement…

Nous sommes en 2022, et 50% des Tchadiens vivant aujourd'hui sont nés après l'an 2000…. Ce qui veut dire qu'en 1999, nous n'étions que 8 millions de Tchadiens…

Et si on remonte encore le temps, en 1990, il n'y avait que 4 millions de Tchadiens, ce qui signifie que sur les 8 millions de Tchadiens vivant en 1999, au moins 50% n'étaient pas encore nés avant 1990… et si on remonte encore le temps, on découvrira qu'en 1970, il n'y avait que 2 millions de Tchadiens, ce qui signifie que sur 4 millions de Tchadiens vivant en 1989, au moins 2 millions n'étaient pas encore nés en 1970…

À ce jeu, on se rendra compte facilement aujourd'hui que les Tchadiens nés avant 70 et ayant effectivement expérimenté la période de Ngarta, et qui vivent aujourd'hui, ces Tchadiens et ces Tchadiennes représentent peut-être seulement 10% de tous les Tchadiens et Tchadiennes vivant aujourd'hui… Ils sont moins d'un million qui peuvent valablement parler de l'époque de Ngarta, et encore, car la plupart d'entre eux étaient encore de jeunes adolescents ou de jeunes adultes quand Ngarta avait été assassiné…

Et on peut dire la même chose de l'époque de Habré… sur les 16,7 millions de Tchadiens vivant aujourd'hui, à peine 3 millions étaient présents à l'époque de HH, et la majorité de ces 3 millions étaient encore des adolescents…

Tout ça pour dire que le Tchadien d'aujourd'hui vit et expérimente une réalité totalement différente, nouvelle…

qui a commencé et qui a grandi durant l'époque du président Deby... pourquoi donc vouloir à tout prix ramener donc Ngarta et Habré dans les débats des jeunes gens qui n'en ont entendu parler que par des on dit, des jeunes gens dont le principal problème reste un chômage structurel, une impossibilité à se soigner, des difficultés pour se former, pour manger et pour vivre en toute sécurité?

Des jeunes dont le pays est premier partout dans le monde sur tous les critères de la mauvaise gouvernance, la corruption, la pauvreté, l'insécurité, l'injustice ?

S'il faut réclamer des excuses à Habré, Malloum et Ngarta, on pourrait aussi bien réclamer des excuses à Rabah, celui qui avait mis le Baguirmi à genoux, conquis le Kanem et ravagé dans des rezzou une bonne partie du Moyen Chari, du Salamat et du Mandoul?

Reprenons nos esprits, et concentrons-nous sur ce qui compte et ce qui est l'origine de nos problèmes... ce qui est à l'origine de nos problèmes s'appelle absence de bonne gouvernance, absence de reddition des comptes, absence de justice sociale, absence de transparence... et toutes ces absences génèrent de la pauvreté, créent du chômage, créent de l'insécurité, créent le manque d'hôpitaux, créent de l'insécurité alimentaire, créent la violence quotidienne dont notre pays souffre tant.

Ce sont ces absences, qui ont fait penser à certains que le drapeau leur appartenait en propre, et que d'autres Tchadiens et Tchadiennes ne peuvent pas le faire flotter au-dessus de leurs domiciles...

La pauvreté est la principale cause des difficultés de cohabitation sociale pacifique.

.... C'EST SE DEMANDER COMMENT SORTIR DE LA PAUVRETÉ

« L'Afrique n'a pas besoin d'hommes forts ; elle a besoin d'institutions fortes », avait dit Barack Obama au Ghana il y a dix ans. On devrait ajouter aussi ceci : l'Afrique a besoin, aujourd'hui plus que jamais, d'inventer son propre modèle de leadership et de gestion. Soixante ans après les indépendances de droit, et trente ans après les indépendances de fait pour paraphraser Stephen Smith, les modèles de gestion et de leadership de l'économie hérités des colonisations ont globalement montré leurs limites. Plus de trois-quarts des richesses produites sur le continent viennent des secteurs informels de l'économie.

Le secteur informel emploie probablement aussi plus de trois-quarts des populations actives de nos États. Pour s'en convaincre, il suffit de jeter un rapide coup d'œil sur les statistiques des caisses nationales de prévoyance sociale, censées collecter et gérer les cotisations sociales et les fonds de pension des travailleurs des entreprises privées et des organisations non étatiques. La CNPS de la Côte d'Ivoire et du Cameroun par exemple totalisent à elles deux un peu moins de deux millions de membres. Au Tchad, le nombre d'emplois formels hors fonction publique atteint à peine cent milles. Pourtant, le Cameroun et la Côte d'Ivoire sont les deux principaux moteurs des économies des espaces communautaires et politiques constitués par les pays anciennement colonisés par la France, c'est-à-dire au total 17 États totalisant environ 90 millions de personnes. La gestion formelle de l'économie, calquée sur les modèles hérités des colonisations a globalement échoué.

L'économie dite informelle au Tchad est caractérisée par sa flexibilité, ses capacités d'adaptation et la rapidité d'exécution de ses plans d'affaires. Il est vrai que la taille des affaires est plutôt réduite, et que dans ce secteur, une entreprise se réduit bien souvent à une personne. Mais dans l'économie informelle, on retrouve aussi des entreprises de taille tout à fait respectable, avec des chiffres d'affaires flirtant avec le milliard de FCFA et employant des centaines de personnes. Les puristes de l'administration et de la gestion diront qu'au-delà d'une certaine taille, l'entreprise n'est plus dans le secteur informel. Pourtant, ou classer les grandes boutiques de vente en tout genre, et les dépôts géants de riz des importateurs de Souk Khala ?

Les débats autour de la définition du secteur informel sont généralement des débats de fiscalistes. Les riches commerçants des marchés de N'Djamena et les importateurs de pièces détachées de véhicules du marché Sanfil se classent eux-mêmes dans l'informel, très souvent pour des raisons fiscales. Les discussions des commerçants avec les contrôleurs fiscaux sont innombrables dans ce pays. Les commerçants eux-mêmes se battent et négocient pied-à-pied avec les contrôleurs pour ne pas se faire classer secteur formel. Pourtant, il y a souvent de très bons avantages à se faire classer secteur formel. Mais les commerçants ne l'entendent pas ainsi et refusent systématiquement le cadeau de la formalité. Les raisons de ce refus du formel tiennent à beaucoup de choses. Je me risquerai à dire que ce qui motive les commerçants à rester dans l'informel, ce n'est pas tant la peur de se voir taxer plus lourdement que celle de ne plus pouvoir tenir les responsabilités sociales et économiques qui incombent aux riches.

Pour un homme d'affaires N'Djamenois par exemple, la réussite de son entreprise devient complète si lui-même, en tant que patron, peut recruter qui il veut. En réalité, ce qui pousse les commerçants à vouloir demeurer dans le secteur informel, c'est surtout la flexibilité que procure le modèle informel de gestion de l'économie. Le secteur informel gère la flexibilité, depuis le plan d'affaires jusqu'au recrutement et au licenciement de collaborateurs. Les choses sont donc plus flexibles, et plus faciles.

Mais la flexibilité se conjugue aussi avec adaptation. Les opérateurs de secteur s'adaptent aux changements de notre monde avec une rapidité et une facilité déconcertante. Ils ont été les premiers à deviner les possibilités d'échanges monétaires du téléphone mobile en Afrique, et ont finalement inventé le transfert de fonds par cartes téléphoniques. Aujourd'hui le transfert d'argent par le téléphone mobile fait partie intégrante des modèles d'affaires des sociétés de téléphonie en Afrique.

Doit-on donc rechercher les nouveaux modèles de leadership et de gestion du côté de l'informel ? Je suis fermement convaincu que c'est le chemin à suivre. Les leaders de l'économie informelle en Afrique réussissent parce qu'ils ont compris la nécessité de l'adaptation et de la flexibilité. Ils ont aussi compris que l'inventivité et l'originalité sont les facteurs les plus importants du développement.

Mais ils ont surtout compris la nécessité d'allier, et d'aligner vers la même direction, les méthodes de gestion des hommes, des clients et des rêves, avec nos cultures et nos valeurs. La gestion du temps, la perception de l'espace, la relation aux autres, etc., sont construites autour des valeurs locales, à travers des mécanismes locaux de compréhension. Le leadership en économie et en gestion, c'est finalement la capacité à deviner les rêves, afin de les rendre réels. Le leadership nouveau en Afrique, c'est peut-être celui qui nous aidera à débloquer notre potentiel, et nous permettra de construire sur nos valeurs, à travers nos perceptions, nos limites, et notre environnement.

DEEP DIVE 2 : ET LE MANAGEMENT AFRICAIN DANS TOUT ÇA ?

Un clic sur Google vous renvoie vers de milliers de pages remplies de discours de qualité souvent inégale sur la façon de faire du management à l'africaine, ou en Afrique. Tout le monde est d'accord pour dire que la mesure de la performance financière d'une entreprise fonctionne de façon quasi standardisée. La nationalité des équipes ou la localisation des sites ne change en effet rien aux principaux standards de comptabilisation numérique des gains ou des pertes. En revanche, sur la manière de mettre les hommes au boulot, on convient de plus en plus que les standards prétendument universels ne donnent pas toujours les résultats attendus. Quid donc des leçons d'un Jack Welch en Afrique ?

Un homme d'affaires ivoirien avec qui je discutais il y a quelques jours m'expliquait ceci : le management des travailleurs ivoiriens ne peut pas être le même que celui des travailleurs français. En France, continue-t-il, si tu ne travailles pas, tu es mort. A Abidjan, tu peux volontairement arrêter de travailler et compter sur un oncle ou un cousin pour te nourrir !

Cette différence structure tout le reste en matière managériale conclut-il. Que l'on soit d'accord ou pas avec cette position, force est de constater que les hommes réagissent toujours de façon différente face au travail, et surtout en fonction du type de pression sociale qui peut s'exercer sur eux.

Mais les différences de réactions, même divergentes, peuvent-elles forcément induire des managements différents pour l'Afrique ? Mais surtout, comment se conçoit et s'exprime cette approche différente ? Le sujet étant à la mode, tout le monde a finalement son mot à dire.

Pour ma part, structurer les organisations et mettre les hommes au travail en Afrique, ou du moins dans les pays de l'Afrique centrale et de l'Ouest, c'est rechercher l'usage optimisé des éléments de perception suivants : le temps, l'espace, les autres.

Le temps est une catégorie à la fois objective et subjective. Si les Occidentaux le structurent pour en faire un bien économique, nombre de cultures et de peuples d'Afrique le perçoivent comme un champ collectif dont les bénéfices doivent revenir à toute la communauté. Le temps n'appartient à personne diront certains. Il est là et ne court pas. Comme l'écrivait quelqu'un, de nombreux Ghanéens disent en parlant du temps et des Occidentaux que ceux-ci n'ont que la montre alors que les Ghanéens ont le temps, c'est-à-dire qu'ils sont les maîtres du temps. Les entreprises en Afrique sont structurées sur le modèle occidental. En matière d'efficacité économique et financière, il n'existe pas trente-six façons de s'organiser. Comment, dans ces conditions, faire travailler de manière efficace dans une organisation qui considère le temps comme de l'argent, donc comme une denrée rare, des gens qui considèrent que le temps, il est à eux, et qu'il est immense et infini ? Cette équation est la première des nombreuses autres équations que doit résoudre tout manager africain dans une entreprise occidentale en Afrique, et tout manager occidental travaillant en Afrique.

L'espace est la seconde catégorie qui crée une différence entre les manières de travailler dans une entreprise en Afrique ou en Europe. Les problèmes de perception et de gestion/appropriation de l'espace sont intimement liés aux problèmes du foncier en Afrique. Mais la question de l'espace est aussi structurée par les évolutions sociopolitiques de l'Afrique, marquées par la violence et la précarisation. Les villes d'Afrique sont globalement structurées en cercles à reliefs : les centres sont plus hauts, plus riches, tandis que les périphéries, plus basses, totalement désorganisées, sont caractérisées par la pauvreté et la précarité. Les entreprises ont en général leurs sièges au centre-ville tandis que la majorité des travailleurs habite les périphéries. L'employé de bureau, le cadre moyen ou l'agent commercial effectue ainsi chaque matin un voyage de la précarité vers la stabilité. Ce voyage, quoique banal, finit par induire des comportements quasiment névrotiques chez les salariés, qui ont beaucoup de mal à gérer les contradictions que ne manquent pas de faire naître le fait d'utiliser des lavabos dans la journée et des trous de latrines dans la soirée. Très peu d'employés parviennent finalement à créer puis développer un processus d'appropriation et d'identification à leur entreprise, pierre angulaire de la motivation sur le long terme. Les conflits que cette dichotomie des espaces fait naître constituent la seconde liste des problèmes que doivent gérer les managers en Afrique.

La dernière contradiction à surmonter est l'importance des autres dans la façon de travailler au sein d'une entreprise. Les problèmes d'altérité sont universels certes. Mais en Afrique, les autres revêtent un aspect bien plus particulier, surtout dans le contexte de l'entreprise.

Dans l'entreprise, le groupe n'existe pratiquement pas. Ou plus précisément il existe par opposition à l'individu. Les objectifs par exemple, sont surtout individuels. La reconnaissance aussi. L'entreprise étant structurée autour de la reconnaissance des apports individuels, les conséquences, professionnelles ou privées de cette reconnaissance sont elles aussi gérées de façon individuelle.

Dans des sociétés ou la reconnaissance individuelle ne prend son sens que si le groupe ou la collectivité pourra en profiter, cela pose problème. Je ne m'attarderai pas plus sur ce sujet que j'aurai l'occasion de développer plus longuement dans une prochaine contribution.

Toutefois, je tiens à préciser que parler de management africain, ou de management en Afrique, c'est surtout évoquer les façons d'optimiser ces trois éléments, afin de générer davantage de valeur.

...C'EST S'INTERROGER SUR LA DEFINITION D'UNE DICTATURE...

Une dictature ou un régime dictatorial repose sur un parti solide et organisé, une administration structurée et fonctionnelle, et une armée elle-même solide et organisée... tous trois travaillant ensemble pour contrôler le pays et ses citoyens au bénéfice d'un individu ou du parti...

Mais quand le parti est désorganisé, sans chef véritable, avec pour seuls militants les chercheurs d'emplois ou de bons de commandes, quand l'administration est décatie et déchirée comme un vieux tissu, et fonctionne comme un poulailler, et que l'armée est totalement noyautée, avec une structure en pyramide renversée, sans véritable commandement, peut-on encore parler de dictature ? Comment caractériser un tel régime politique ?

Banaliser les fonctions ministérielles... ça donne à peu près ceci :

"En même temps, les moutons bêlent, les chevaux hennissent, les vaches beuglent, les pigeons roucoulent, les porcs grouinent, et les poules suivies des coqs s'envolent en caquetant."

XIV

...AVEC LE FOUTOIR AU POUVOIR...

Le tome 1 des mémoires de Goukouni Weddei, décrit des faits... On reste toutefois sur sa faim car les descriptions sont très sommaires... Et on se perd facilement dans cette interminable litanie de noms... L'ancien président règle bien entendu quelques comptes ici et là, sans le dire ouvertement bien sûr ... L'intérêt de ce tome 1 réside surtout dans sa description factuelle mais toujours personnelle de la genèse du FROLINAT, mais aussi des premiers mouvements rebelles du pays Moubi, et aussi du Tibesti... En essayant de reprendre les faits dans un ordre chronologique, et en remettant au centre de l'action chacun des personnages sommairement décrits par M. Weddei, et en prenant une posture rétrospective, on se demande finalement si c'était le vers qui était dans le fruit, ou si c'était le fruit lui-même qui était dans le vers...Dans tous les cas, on comprend mieux pourquoi le foutoir s'est accaparé du pouvoir et le garde depuis ....60 ans...

....C'EST REVISITER UN CLASSIQUE DE L'ANALYSE POLITIQUE AFRICAINE....

Les Jeunes et l'Ordre Politique en Afrique Noire[7]... Ce livre, écrit il y a 35 ans, n'a pas vieilli d'un poil... Les

[7] Les jeunes et l'ordre politique en Afrique Noire, Harmattan, Paris, 1985, 246P

problématiques des jeunes, et leurs relations à l'ordre politique en Afrique noire semblent être restées au même niveau, dans la même dimension, sur trois décennies... En relisant ce livre, je suis bien obligé de penser que si les prédictions d'Achille Mbembe pour les années 90 se sont révélées exactes, trois décennies plus tard, les jeunes qui avaient été propulsés à la tête des États dans les années 90 semblent vouloir refaire le même chemin que celui de leurs illustres aînés... Eux aussi embrigadent à coup de FCFA ou de dollars, et eux aussi restreignent d'une façon peut-être plus pernicieuse l'espace politique. Et si dans les années 80, l'école, mais aussi les exodes ruraux avaient joué un rôle de catalyseur des changements, la décennie qui pointe à l'horizon verra un nouvel outil, le réseau dit social et ses technologies, cristalliser les frustrations de vies souvent mal vécues car rejetées sur les marges, et les angoisses de lendemains toujours caractérisés que par des incertitudes...

J'avais découvert et lu ce livre quand j'étais en classe de seconde, et Hissein Habré venait tout juste de quitter son pouvoir, mis hors de sa villa par un groupe d'anciens amis et partisans, (Je ne crois pas qu'il ait jamais eu le temps de fouler les marbres du Palais Rose) qui, une fois à N'Djamena, nous avaient alors promis "plus jamais ça" mais surtout, une liberté qui ne devrait souffrir d'aucune autre entrave que celles imposées par une Constitution votée par le peuple... Je ferai une vidéo spéciale sur ce livre avant la fin de cette année... Ma prière : que la décennie qui s'annonce soit celle de tous les rêves, et que le ni or et ni argent, mais la liberté se change enfin en liberté, égalité, justice sociale et économique pour toutes et pour tous... Et que les promoteurs de ce slogan daignent enfin tenir toutes leurs promesses... Toutes leurs promesses...car l'histoire, si elle passe... elle n'oublie jamais, non plus...

XV

LES TROIS CONDITIONS NÉCÉSSAIRES POUR REMETTRE L'ÉTAT EN MARCHE

Remettre l'Etat en marche, c'est tout un programme dans un pays miné par plus de soixante années de conflits fratricides, et où les gens ont appris d'une certaine manière à se passer de l'Etat, voire à le combattre ; ramener l'Etat, en faire un mécanisme de gestion des relations entre les communautés, et lui faire jouer son rôle de régulateur, n'est pas une mince affaire. L'Etat tchadien est un prédateur. Il tue et mange ses enfants. En fait, il n'a pratiquement jamais, dans les faits, considéré les Tchadiens comme ses enfants. Tout commence bien sûr avec le péché originel, celui des périodes des indépendances. Le péché qui a vu les élites d'alors essayer de se partager le pouvoir. Bien entendu, ce péché tient lui-même sa source dans l'histoire. Le Tchad est en effet né dans la violence absolue.

Au commencement était une lutte à mort entre des protagonistes qui ne s'aimaient pas, et qui vivaient dans un espace commun, malgré eux peut-être, mais qui avaient réussi la prouesse de coexister de manière cohérente durant plusieurs siècles. Mais à partir du début des années 1800, le Ouaddai s'était mis à combattre le Kanem Bornou, et avait fini par réduire les velléités d'indépendance du Baguirmi en le faisant passer sous son contrôle. Le Baguirmi, bien que suzerain du Ouaddaï, tentait lui aussi de son côté d'assujettir d'autres peuplades, celles du Sud. L'objectif affiché du Baguirmi était bien sûr la chasse, la capture et la revente d'êtres humains. L'esclavage était en effet le principal produit d'exportation de toutes les hégémonies tchadiennes à ce moment précis de l'histoire. L'irruption du Ouaddai dans ce vaste territoire créera en effet une économie de la violence jamais vue auparavant. Le Kanem Bornou, autrefois puissance régionale, verra son aura décliner. Le commerce transsaharien qu'il contrôlait, et qui consistait essentiellement à l'exportation de plumes d'autruches, des ivoires d'éléphants et des maroquineries importées depuis les cités haoussas, sera progressivement remplacé par celui des esclaves. A un moment précis de son histoire, les exportations d'esclaves avaient fini par dépasser celles des matières premières ordinaires. En échange bien sûr, le Kanem recevait des cotonnades, mais aussi quelques produits européens, ou asiatiques, comme la soie.

2) Remettre la justice en marche

3) Recréer la confiance mutuelle

Autrement, on continuera de faire semblant de vivre dans un espace de territoires peuplés de gens qui y vivent non pas parce qu'ils aiment y vivre mais simplement parce qu'ils n'ont pas d'autres choix...

CHANGER LE PAYS ne doit pas être un simple slogan... Changer le pays ne se fera pas seulement par la dénonciation des injustices et l'énumération de ce qui ne marche pas...

CHANGER LE PAYS ne se fera pas seulement par des menaces et des injonctions...

Et *CHANGER LE PAYS* ne se fera jamais en mettant au ban des processus de prise de décisions publiques ceux et celles qui, à cause de décennies de frustrations, ont pris les armes...ou pensent sérieusement à créer des espaces séparés pour eux-mêmes et leurs communautés...

CHANGER LE PAYS, c'est d'abord prendre ses propres responsabilités ; c'est dénoncer l'inacceptable, c'est combattre l'injustice, c'est refuser les compromissions, c'est garder son indépendance, c'est finalement contribuer positivement et à travers nos gestes et nos actions publiques et privées, à prouver qu'un autre Tchad est possible... Un Tchad qui n'est pas exclusif, communautariste, un Tchad avec des dirigeants pour qui la décence n'est pas qu'un mot ou une posture mais une attitude et un comportement, un Tchad qui accepte de regarder son passé, sans honte, et un Tchad pour qui le mot dislocation ne viendrait jamais à l'esprit d'aucun de ses citoyens...

DEEP DIVE 4 : L'ENTREPREUNARIAT PEUT-IL DESAMORCER LA BOMBE J ?

En 2020, le PNUD estimait dans son rapport sur les conséquences économiques du COVID au Tchad que chaque année, 250,000 (deux cent cinquante milles) diplômés de tous les niveaux arrivent sur le marché du travail au Tchad. Avec une population de 16 millions d'habitants, et un âge médian situé entre 17-19 ans, ce chiffre va rapidement croître pour atteindre probablement le demi-million par an à l'horizon 2035.

Avec une économie instable caractérisée par des crises politiques et sécuritaires, et des insuffisances énormes en matière de gouvernance économique, la Bombe J finira par exploser dans les années à venir, avec des conséquences incalculables. Le régime de Transition, bien que parvenu au pouvoir sans engagements particuliers sur le front de l'emploi des jeunes et de la croissance économique, devra impérativement s'attaquer à ce sujet. Une esquisse de solutions, même mises en œuvre partiellement durant la phase de transition, aura pour effet de lancer le changement structurel dont le Tchad a besoin.

Les mécanismes institutionnels existants sont amplement suffisants pour répondre aux défis de l'emploi des jeunes. Il n'est pas besoin de créer de nouvelles agences. Il est toutefois crucial de les restructurer profondément, afin de les rendre aptes à mieux appréhender les défis de l'heure, puis créer et mettre en œuvre les solutions indispensables. Le ministère de la jeunesse, celui de l'économie, celui des finances mais aussi celui de l'industrie, du commerce ou encore celui du tourisme doivent joindre leurs efforts afin d'imaginer les solutions dont le Tchad a besoin dans le domaine de l'emploi des jeunes.

Les organismes sous tutelle, tels que l'ONAJES, ou encore l'ANI, et même les agences de développement comme l'ANADER, ou les entreprises minières publiques comme la SONAMIG doivent réarranger leurs mécanismes d'intervention et intégrer le besoin de croissance en vue de la création d'emplois comme leur principale priorité. L'ONAJES quant à elle, doit purement et simplement être restructurée et placée sous la tutelle du Premier Ministre ou du Président de la République : la question de l'emploi des jeunes est cruciale, et une supervision politique au plus haut niveau est indispensable (sauf bien sûr si le PCMT décide d'élever le ministère de la jeunesse au rang de Ministère d'Etat).

Mais au-delà de la question de la supervision, l'ONAJES doit impérativement revoir l'ensemble des politiques de la jeunesse, et les mécanismes de création d'emplois, puis recommander et mettre en œuvre des solutions qui doivent aller au-delà du folklore actuellement constaté : la création d'emplois pour les jeunes n'est pas une question d'investissement dans les sports ou de distribution de crédits. C'est une démarche de politique publique qui doit intégrer des interventions ciblées en matière de structuration du secteur des MPMEs (micro, petites et moyennes entreprises), afin de réduire les perceptions de risques dont ces entreprises sont actuellement victimes; c'est ensuite une série de mécanismes de médiations en vue de faciliter leur accès aux financements bancaires, avec la création de fonds de garanties soutenus par les pouvoirs publics et les partenaires; c'est aussi une série de mesures visant à faciliter l'accès aux marchés publics aux entreprises détenues par les jeunes et les femmes, avec la mise en œuvre effective de la loi sur les marchés publics; c'est enfin la création de mécanismes de protection sociale pour les entreprises des jeunes et des femmes, en coordination avec la CNPS et le secteur privé de l'assurance santé. Ces quatre actions, mises en œuvre de manière coordonnée et effective, peuvent permettre de structurer et de soutenir chaque année au moins 100,000 (cent mille) entreprises de jeunes et de femmes, créant au passage plusieurs milliers d'emplois stables et décents. La structure de la population tchadienne la place à un niveau relativement favorable en vue de récolter des dividendes démographiques : un âge median qui s'établit autour de 19 ans, c'est techniquement une situation de stabilité démographique rare. Mais créer des dividendes démographiques requiert toutefois des politiques publiques adéquates, mises en œuvre de manière adéquate et professionnelle.

Aller au-delà du folklore, utiliser de manière efficiente et efficace les ressources publiques de toutes façons déjà disponibles (l'ONAJES, comme l'ADETIC et d'autres agences stratégiques sont financées sur des taxes prélevées sur les consommateurs des services de téléphonie mobile par exemple ; d'autre part, les partenaires au développement mettent toujours à la disposition de ces agences des ressources financières, humaines et techniques substantielles dès lors que l'on sait ce qu'on veut), créer et innover en matière de solutions structurelles, et soutenir massivement et de manière structurelle les entreprises des jeunes et des femmes, telles doivent être les priorités des agences publiques en charge des dossiers de l'emploi et de l'intégration des jeunes. Les petits événements symboliques sont importants ; mais personne ne mange les symboles et la Bombe J ne saura être désamorcée par des événements symboliques ou de petites distributions de crédits. Les agences publiques doivent travailler de manière structurelle, pour un changement structurel. Et les périodes de transition sont généralement propices aux démarrages des transformations structurelles.

Désamorcer la bombe J est encore possible si le Tchad renoue avec une croissance organique et crée des emplois. Pour l'instant, tout porte à croire que la seule voie réaliste reste celle du soutien effectif aux micro et moyennes entreprises.

L'Etat doit pouvoir les soutenir dans leurs efforts de structuration. Et ça passe par les étapes suivantes :

1) Faciliter leur formalisation

2) Renforcer leurs capacités organisationnelles. Mais cela demande aussi que l'Etat encourage les entrepreneurs à accepter d'aller vers le formel en créant les récompenses nécessaires à la formalisation ; pourquoi ? Parce qu'un entrepreneur qui souffre déjà avec des taxes et des patentes intempestives ne voudrait pas rentrer dans les radars du gouvernement en se formalisant. Il faut donc un accompagnement et des récompenses. Par exemple, une entreprise qui accepte de devenir formelle pourrait bénéficier de moins de taxes et de cotisations sociales, mais aussi de services spécifiques de la CNPS. D'autre part on

pourrait créer un fonds de sécurité sociale spécifique et adapté aux MPMEs… et l'ONAPE remboursera leurs investissements en formations…

En conclusion, je dirais simplement ceci :

Le secteur privé est le premier employeur du pays. Le PIB du Tchad est structuré autour du pétrole qui représente 20% du PIB, et autour des services (banque, télécoms, transport, etc) qui représentent 40%. Le reste du PIB provient du secteur agricole et de l'élevage, et de l'embryon de l'industrie que nous avons. Mais ce chiffre cache mal le secteur informel, qui fait fonctionner l'agriculture, l'élevage, les services comme le transport, le commerce général, la distribution, etc.

Le secteur dit informel représente plus de 80% des emplois au Tchad, et si on y ajoute le secteur agricole pur, on peut dire que ce secteur représente 95% des emplois salariés ou non-salariés, c'est-à-dire les autos-emplois au Tchad.

Le second point, c'est que le financement du secteur privé requiert la mise en place d'une politique publique holistique et multidimensionnelle… holistique pour dire que cette politique doit être sous forme de 360 degrés, prenant en compte l'ensemble de l'environnement économique, institutionnel, social et politique du pays.

Elle doit être multidimensionnelle, c'est-à-dire qu'elle doit tenir compte des aspects réglementaires existants, des aspects liés aux systèmes et aux défis des secteurs bancaires, et des autres formes de financements, et elle doit aussi tenir compte de la nature et des types de fonctionnement des entreprises au Tchad. Cette politique doit aussi clairement faire des choix : choisir quels secteurs soutenir en priorité, et pourquoi et comment.

En troisième lieu, un accent particulier doit être mis pour encourager la formalisation. Sans formalisation, les entreprises ne pourront pas progresser et ne pourront pas convaincre les banquiers, les financiers, les investisseurs.

C'est important d'encourager les entreprises à davantage de formalisation en promouvant des systèmes fiscaux sains et vertueux, en limitant les taxes par exemple, mais aussi en mettant à leur disposition des avantages sociaux qui soient *appealing*.

La formalisation permettra aux entreprises d'être organisées, équilibrées. L'Etat devrait ouvrir une école ou un centre de formation ou créer des incubateurs dont le rôle est de pousser vers une plus grande formalisation.

Enfin, et quatrième point, l'environnement des affaires doit être amélioré.

Mais améliorer cet environnement c'est surtout améliorer la gouvernance du pays… c'est mettre de la transparence, de l'honnêteté, et encourager une culture de la transparence.

C'est aussi encourager l'Etat à mettre du sérieux dans les marchés publics et les rendre honnêtes et équitables, accessibles et sans corruption. C'est finalement faciliter l'accès à la propriété et protéger la propriété privée.

Il n'y a pas de développement sans secteur privé. Mais il n'y a pas de secteur privé sans financements. Et il n'y a pas de financements sans bonne gouvernance.

Pour résoudre donc le problème du financement, on va donc devoir résoudre le problème de la mauvaise gouvernance.

DEEP DIVE 5 : Pourquoi les Tchadiens sont binaires?

L'histoire d'abord, au moment des indépendances, les Tchadiens s'étaient opposées en deux camps.

- Le FROLINAT : le Tchad s'est divisé en deux camps ;
- 1962 : les débuts du parti unique qui demandait aux citoyens de s'aligner sinon ils étaient considérés comme des parias, opposants au régime ;
- Le MNRCS est à son tour venu dire soit tu es Tchadien et donc tu t'alignerais, soit tu es contre et donc tu n'as pas voix au chapitre ;
- Le CSM est venu demander aux Tchadiens de s'aligner ;
- La polarisation FAN Vs FAP ;
- Les temps de l'UNIR et du MPS : la pauvreté

Nous vivons dans une société caractérisée par le parti unique, les décisions uniques, les cultes du chef. Nous vivons dans une société qui a désappris l'importance de l'humour, de la dérision.

Or la dérision et l'humour sont deux exigences importantes pour le pluralisme.

Mais de manière plus globale, il y a aussi un problème : le monde se divise désormais en deux, le camp du bien et le camp du mal… mais le problème est qu'il est difficile de définir le camp du bien ou le camp du mal… C'est quoi le camp du bien? Et d'abord qu'est-ce que le mal ?

Prenons par exemple l'homosexualité… pour beaucoup, c'est quelque chose de normal. Pour beaucoup d'autres aussi, c'est quelque chose de malsain. Les deux camps s'affrontent surtout en Afrique… Ou prenons un sujet politique d'actualité : le retour de Gbagbo… pour beaucoup de gens, c'est la victoire de l'Afrique contre la France.

Pour d'autres, c'est la défaite de la justice. Mais la vérité c'est que tout le monde semble avoir oublié que la crise ivoirienne de 2010-2011 était la conséquence d'une transition de pouvoir mal gérée en 1994, mais aussi le résultat d'une crise économique qui commence en 1987, avec la crise du cacao…

En fait, le monde actuel, c'est le monde de la colère… ou l'âge de la colère comme dirait l'auteur indien Pankaj Mishra… la colère est le résultat d'un véritable mal être dû à la mondialisation ; une mondialisation qui a accru les différences en ramenant pourtant le monde au niveau d'un village planétaire ; une globalisation qui a augmenté les inégalités alors que le monde est plus riche que jamais… l'âge de la colère finalement nous rend tous manichéens, binaires, on s'arc-boute, on recule, on se protège, car finalement on a tous peur…

Machines à applaudir...

Si tu écris contre le MPS, tu recevras rarement une réponse de ses militants... Ils te laissent écrire ce que tu veux écrire, car au fond ils s'en fichent de ce que tu penses...Eux ils continuent sur leur route qu'ils pensent toute tracée... oubliant simplement que l'histoire n'est jamais une ligne droite....)... Ils te laissent écrire ce que tu veux écrire... En dehors de quelques-uns de leurs chiens de gardes, militants nourris aux morceaux vitaminés de FCFA et qui se baladent, cerveaux éteints, de radio en radio, gourdins aux vents, essayant de prendre sur les journalistes une revanche qu'ils n'auraient pu prendre par le discours...

Si tu écris contre la rébellion, ses membres te tomberont dessus à bras raccourcis, feront des captures d'écrans (qu'ils appellent VAR) de ta publication et la commenteront en boucle sur toutes leurs plateformes... te donnant tous les noms possibles et imaginables... C'est l'opposition armée bien sûr (si une telle expression a même un sens) et comme d'habitude ce qu'ils ne peuvent obtenir par la persuasion, ils pensent pouvoir l'obtenir par les armes...

Si tu écris contre l'opposition traditionnelle, spécialement Kebzabo et Alhabo, quelques intellectuels interrogeront ta démarche et tenteront de comprendre le pourquoi du comment... Généralement, leurs militants, fatigués par trois décennies d'opposition infructueuse essayeront de te répondre juste pour la forme...

Si tu commentes d'une manière perçue comme indélicate une action de l'opposition du côté des transformateurs et de Masra, une horde d'inconnus (que tu n'as jamais vus auparavant) te pistera partout sur internet, te menacera et te traitera de tous les noms d'oiseaux... C'est presque la forme civile de l'opposition armée, organisée en guérilla de l'internet, avec des pisteurs et des flingueurs à tous les carrefours... Le plus souvent incapables de te persuader par des arguments, ils te menacent... et ils te flinguent virtuellement... (MAJ 13:19 - Et j'ai envie d'ajouter, heureusement, les chiens de garde de cette jeune garde n'ont pour seuls pistolets que leurs claviers armés... Et leurs champs de batailles sont encore virtuels... Et je n'ose pas imaginer les choses autrement...)...

Et tout ce beau monde te réclamera des critiques dites constructives... comme si tu avais reçu un paiement de leur part pour services de consultation...ou de construction...

Les choses sont simples. Les politiciens sont des hommes et des femmes publics, avec un objectif affiché : vendre un rêve (le plus souvent des illusions), prendre le pouvoir, le gérer en notre nom et se faire payer en retour par nos impôts pour un travail que nous ne leur avons jamais demandé de faire...Généralement ils s'improvisent leaders, réunissent quelques ami-es autour d'eux/elles, et construisent toute leur carrière sur des engagements qu'ils auraient (je dis bien auraient) pris avec nous, sans que nous on s'en souvienne... puis nous demandent de contribuer à leur carrière, et montent des systèmes totalement fermés, fermant les portes aux critiques... et n'acceptant finalement que les critiques dites constructives... c'est dire au fond nos applaudissements!!!

Je le dis très clairement : il y a des machines à applaudir à Gouandzhou en Chine et elles coûtent quelques dizaines de dollars... Nos mains, nos têtes, et nos esprits de citoyens n'ont pas de prix, et ne doivent jamais servir d'applaudisseurs automatiques au premier vendeur d'illusions venu...Maintenant, chacun est libre de faire ce qu'il veut, et s'il y en a qui veulent servir de machines à applaudir, c'est leur problème!!

Et la question: comment en sortir ?

D'abord ramener la dérision et l'humour au Centre.

Ensuite ramener la contradiction comme mode de vie et comme modèle de gestion.

Ensuite apprendre les remises en cause de tout, y compris remettre en cause ce qui semble sacré, comme la religion.

Ensuite animer la vie culturelle, sociale et intellectuelle.

Enfin désacraliser la connaissance, le pouvoir - le pouvoir ne peut plus être sacré - tant qu'on élève le pouvoir, il sera considéré comme sacré ça ne marchera pas.

Mais pour moi, il faut aussi dire malheureusement que le monde entier est en train de devenir manichéen, binaire - les groupes d'intérêts, la puissance et le pouvoir du suivisme dans les réseaux sociaux, les dénonciations ciblées, le fait que les gens trouvent tout ce qui ne leur plaît pas comme scandaleux, et le fait que les artistes et les intellectuels se sentent obligés de s'aligner immédiatement sur ce que pensent les gens, etc… fait que le monde se divise désormais en deux… et la nuance disparaît

Le piège sans fin...

Le Tchad semble être pris dans un piège sans fin, qu'on peut facilement décrire comme ceci:

- En bas, au pied de la pyramide, son polygone, une population extrêmement pauvre ;
- En haut, au sommet de la pyramide, une élite politique habitée par un désir unique : contrôler le pouvoir car il est le pourvoyeur de tous les privilèges.

Et sur les faces latérales, les arêtes de la pyramide, le piège sans fin dans lequel le Tchad a été enfermé depuis bientôt quarante ans : la structure tribale et ethnique de la politique et du pouvoir.

La conséquence logique de ce dessin est une tragédie : il n'y a pas d'institutions véritables. L'unique institution, si on peut l'appeler ainsi, était le MIDI, qui durant 30 ans, faisait et défaisait les choses et les gens au gré de ses humeurs et de ses objectifs politiques. En réalité, ce système, né probablement depuis les années 60, et qui a été accentué par Habré, puis élevé au niveau de science de gouvernement par le MIDI, nous met aujourd'hui devant deux choix, uniquement : casser le système avec violence s'il le faut, et donc toutes les conséquences atroces qui en découleront, ou démanteler le système avec patience, mais aussi des compromis difficiles, mais nécessaires. Entre casser et démanteler patiemment, puis reconstruire patiemment, le choix d'écrire est plutôt clair. Malheureusement, trente ans de pauvreté ont fini par créer des impatiences tout à fait compréhensibles, et beaucoup de Tchadiens estiment que, somme toute, après tant de souffrances, une dose de souffrances supplémentaires comme conséquence d'une certaine dose de violence pourrait être supportable.

Casser avec violence, c'est accepter une autre série de guerres. Malheureusement, ces guerres seront différentes, car si dans les années 70 et 90, une certaine forme d'esprit révolutionnaire embryonnaire pourrait avoir existé, aujourd'hui, la fibre ethnique serait le seul moteur des revendications. On aura beau cacher son jeu, le naturel, accentué par des frustrations continues sur trois décennies, prendra le dessus. La politique de l'inimitié, entretenue et utilisée comme outil de gestion et de dosage régional, deviendra un facteur génocidaire, car le Tchadien a atteint, en quelques décennies, le niveau requis qui lui permet d'enlever toute humanité à l'autre qui n'est pas de chez lui.

Démanteler le système, avec patience, c'est prendre le risque d'augmenter les mécontentements sociaux, et leurs corollaires naturels, les enfermements communautaires.

Les manques et le profond sentiment d'injustice requièrent des boucs-émissaires. Et dans la configuration actuelle des pouvoirs au Tchad, Les boucs-émissaires ont déjà été désignés.

Expliquer patiemment à des personnes frustrées que leurs malheurs sont le résultat d'un système indépendant des personnes et des communautés mais entretenues par des individualités n'est pas chose facile: au mieux on vous répondra avec dédain, et au pire, on vous vous ajoutera dans la longue liste de complices factices ou réels d'un système qui aura finalement asservi tous les Tchadiens.

Et pourtant, reconstruire le Tchad passe forcément par cette étape de déconstruction patiente, et de remodelage des structures profondes de notre société et de nos façons de penser et d'agir. Déconstruction et reconstruction exigeront des compromis qui seront mal interprétés.

Entre la guerre et la paix, la frontière est souvent ténue. Mais pour maintenir la paix, construire la société et la culture, le mental et l'agir vont requérir d'autres types de compétences que celles classiques des politiques. La société civile, par définition experte en médiation, pourrait jouer ce rôle.

DEEP DIVE 3 : L'AFRIQUE PEUT-ELLE ESPÉRER ?

Je vois ici et là des comparaisons entre ce qui se passe au Tchad et ce qui se passe au Sénégal... ce qui se passe au pays de la Teranga, et ce qui se passe au pays du Lingui assassiné...

Rien n'est moins faux pourtant...

D'un côté, le Sénégal, pays avec une tradition démocratique relativement confirmée, habitué aux alternances politiques pacifiques quoique serrées ; pays relativement bien classé sur les indices de développement ; pays qui s'est doté d'une intelligentsia maligne et constructive ; pays qui a toujours privilégié le dialogue et pour qui la Teranga n'est pas un concept creux ; pays capable de soigner ses citoyens et de les éduquer correctement ; pays qui sait faire fonctionner ses institutions, malgré des couacs ici et là; pays dont les dirigeants comprennent et vivent dans l'effroi et la terreur de la honte, de laquelle ils et elles s'éloignent comme on s'éloignerait de la peste et du choléra...et la liste des choses qui existent au Sénégal mais n'existent pas au Tchad est longue...très longue...

De l'autre, le Tchad... Et comme je ne veux pas verser dans le négativisme, et parce que je veux continuer d'espérer, je ne mettrai pas des mots sur des maux maints fois décrits et décriés... Une petite chose toutefois : à la différence du Sénégal qui a maintenu vivant la Teranga, le Tchad a tué et enterré le Lingui... qui gît dans son sang... Et la HONTE aussi en a été éliminée...

Toutefois, deux petites choses, des précisions importantes :

1) Sonko est député, élu du peuple, populaire dans les milieux jeunes, milieux de plus en plus frustrés par une crise économique accentuée par une crise sanitaire terrible; Sonko est critique et compte sur le système Sénégalais pour le protéger...

2) Au Tchad, c'est une « élite » que je refuse de décrire avec des mots, pour rester poli, et qui tourne en rond autour d'une grosse cage de 1,284 millions de kilomètres carrés, habitée par la famine, les maladies, et tout ce que je suis fatigué de nommer ! La cage n'est pas frustrée : elle est à des années-lumière de ce stade... Elle a mal au cœur, et elle vit entourée d'asticots prêts à la manger, même vivante... À moins que nous ne cassions les parois de la cage...

Nul doute que l'espoir de voir une Afrique libre, indépendante et démocratique, tous les Africains le caressent depuis l'aube des différents mouvements d'émancipation qui avaient gagné le continent, dès la fin de la deuxième guerre mondiale. Aussi, même si les leaders politiques de l'époque étaient pleins de fougue et d'une inébranlable volonté de prendre en main la destinée de leurs pays respectifs, beaucoup d'outils leur manquaient pour faire aboutir leurs desseins. D'abord les conditions dans lesquelles ils ont accédé à celle qui est abusivement considérée comme une indépendance, ne laissaient aucune chance aux acteurs de prendre des initiatives sans l'interférence intempestive du néo-colonialisme.

Les accords de 1960 sont une illustration parfaite de cette assertion. La politique extérieure, l'exploitation des matières stratégiques, l'éducation et la monnaie sont du domaine de la « coopération », donc soumises à une concertation préalable avec la rue Monsieur à Paris, du moins pour l'Afrique francophone. Les divergences profondes des intérêts, plutôt les contradictions fondamentales de ceux-ci ne permettent aucune entente, même pas de compromis entre les deux. Alors la loi du plus fort est la meilleure. A titre d'exemple, en 1965, un ministre d'un pays africain grand producteur de coton, a signé à Tokyo au Japon un accord pour l'installation d'une industrie textile sans l'avis préalable de la rue Monsieur (siège du ministère de la Coopération à Paris). Très satisfait de son opération, le ministre rend compte au Président de la République et lui demande une semaine de vacances que celui-ci lui accorda avec plaisir. A peine arrivé à destination, il reçoit un message lui demandant de regagner la capitale d'urgence. Le Président de la République lui demande de prendre l'avion le soir même « puisque ta réservation est faite, tu vas t'excuser auprès de l'Ambassadeur du Japon à Paris que le projet en question ne peut pas voir le jour ». Le ministre dit au Président que ce projet n'a pas de semblable en Afrique et qu'il fallait le sauver ; le Président lui répond : « Nous devons sauver l'usine textile ou notre pouvoir ? » Le ministre dit : « J'ai compris ». Il prend *Air France* le même soir pour se rendre à Paris. Il prend rendez-vous avec l'Ambassadeur du Japon. Dès qu'il fit son entrée, l'ambassadeur lui dit : « Ne dites rien ils nous ont informé et nous vous comprenons. » Le ministre va droit à la rue Monsieur pour rencontrer le secrétaire d'Etat aux affaires africaines qui, dès son entrée à son bureau lui lance : « C'est bien comme ça pour tout le monde n'est-ce pas ? »

Cet exemple authentique est le reflet des conditions dans lesquelles opéraient les dirigeants africains pendant les quarante premières années des indépendances, si le mot peut encore signifier quelque chose. Tous les bouleversements, les coups d'Etat et même parfois des rébellions dans certaines régions, sont alimentés par ces mains aux gants de fer ; soit parce que tel dirigeant ne veut pas comprendre, soit parce qu'il a trop compris. Il faut le déstabiliser et avec lui son pays pour créer une instabilité provoquant ainsi des doutes sur la fiabilité du système et sur sa capacité à garantir des investissements. Cette situation a créé des inconditionnels, des marionnettes, des bénisseurs et des serviles totalement conditionnés pour freiner un quelconque progrès dans quelque domaine que ce soit. On me dira : "Oui c'est toujours facile de rejeter la responsabilité de notre retard sur les autres"; soit ! Et si les autres là sont parfois nous-mêmes ?

L'agression culturelle est telle que parfois nous sommes pires que les autres. Est-ce cela que l'écrivain congolais Sony Labou Tansi appelait la « mocherie » ? En tout cas elle ne date pas d'aujourd'hui. Il paraît que l'autodiscipline, la servilité, la docilité voire l'imbécillité, sont les meilleures recettes pour toute élite qui a la prétention de servir un jour son pays dans les hautes sphères de son État. Pour autant que cela fût valable hier, il l'est encore aujourd'hui, tant au niveau de la Françafrique auprès des chefs d'Etats prisonniers de leurs tours d'ivoire, tel un chasseur qui attrape un lion par la queue. Enumérer les raisons de notre retard en Afrique serait inopportunément fastidieux. Mais évoquer les conditions optimales pour un décollage désormais obligatoire est le devoir de tous. Il faut que l'élite renonce s'il le faut à son ambition de briguer des responsabilités au niveau des hautes sphères de l'Etat. Que les élites acceptent de servir d'aiguilleurs des consciences, d'agitateurs de la jeunesse, la vraie ; de parler, d'écrire et de publier leurs réflexions et leurs analyses les plus désobligeantes et les plus critiques, envisageant des solutions originales.

Il faut nécessairement quitter les sentiers battus pour une projection purement africaine, tenant compte de nos valeurs culturelles, de nos civilisations et de nos intérêts nationaux. Nous lisons parfois des grands Africains qui abordent des sujets brûlants et dans un sens responsable et très honorable, mais la majorité préfère se taire sous prétexte qu'elle est fragile ou qu'elle a des prétentions ; jusqu'à quand ?

Il faut avoir le courage de poser les problèmes à l'ordre du jour tels que : la réforme en profondeur des structures et des institutions de l'Etat, les questions économiques, financières et monétaires, les programmes d'enseignement et de l'éducation, les instruments de coopération régionaux, les méthodes du développement agricole, etc.

La démocratie, les libertés et la bonne gouvernance ne peuvent-elles s'exercer dans la conception importée où les Africains sont à même de garantir les libertés et la bonne gouvernance avec des structures nées de leurs propres tripes ? Il est vrai que les conditions précaires dans lesquelles sont placés les universitaires africains ne leur laissent aucune fenêtre pour voir et observer ce qui se passe autour d'eux.

La maigreur des salaires, les conditions sécuritaires, l'indécence du logement et l'entretien de leurs familles leur enlèvent toute envie de lire et encore moins celle de faire des recherches. Mais cela est-il suffisant pour expliquer cette inertie ? En tout cas l'espoir ne nous serait permis que le jour où nous accepterons de braver ces barrières et de briser toutes les chaînes que je viens d'énumérer, et celles que je dois certainement ignorer du fait des limites qui m'entourent.

XVI

LA DÉMOCRATIE AU PRIX DE LA VIE

Démocratie ? Dictature ? Liberté d'expression ou liberté de bavardage ?

Les Tchadiens se déchirent chaque année au moment du 1er décembre…Entre les supporters du MPS et les anti-MPS, les mots et les posts démolissent les ponts, ferment les portes, explosant les positions de chacune des parties... Chacun nie, chacun clame, et personne ne semble vouloir entendre la chanson... Et pourtant, elle est là, omniprésente, cette chanson dans nos oreilles... Mais à l'heure où les QI prennent la flèche du négatif, nous avons décidé, toutes et tous, que l'intellect n'a pas sa place, au Tchad...

Pourtant, au-delà des postures militantes ou activistes, on doit bien accepter de faire la différence entre ce qui est factuel, et ce qui est de l'ordre du mythe...

Commençons par le factuel, dur à avaler, peut-être...

Avant 1990, on ne pouvait ni parler, et ni même simplement bavarder. Nous étions tenus d'être UNIS, au sein de l'UNIR... et toute tentative d'originalité était systématiquement perçue comme subversive... Pour UNIR, on pouvait faire boire aux gens leur URINE... Et ça c'est factuel...

Mais les unions forcées, c'est comme les mariages forcés, et les viols, dans les mariages forcés, on finit bien par en avoir assez...

Décembre 1990... HH s'enfuit, l'UNIR se dissout, rongée par sa propre acidité...

Et de nouvelles promesses fusèrent... Ni or, ni argent, mais la liberté... Plus de DDS, plus de police politique, liberté des consciences, liberté de s'UNIR avec qui on voulait et quand on voulait... Le droit de s'associer, d'entreprendre, de parler, de dire...

Venons-en à l'histoire...

1993, la CNS... Nous étions lycéens... Et nous n'étions pas sur terre... Les débats, les joutes oratoires, les nuits sans fin, les interminables négociations, puis l'Acte constitutif, et la Transition... Mais si en 1990, tout le monde s'était entendu pour libérer la parole, personne ne fit l'effort de libérer l'histoire... Et la CNS[8], bien avant d'avoir commencé, fut infectée par un vieux démon connu de tous les Tchadiens : l'histoire, et ses rancunes, ses amertumes, sa bile...

Rancune, amertume et bile finiront par paralyser les cerveaux, liant les langues, zombifiant les attitudes... Tout le monde sortira de cette CNS la tête dans les étoiles, rêvant d'un Tchad nouveau... Ils avaient simplement oublié que pendant les 90 jours que durèrent ces assises, croûtes et nids de poules tissèrent leurs toiles dans les esprits... faisant prendre aux QI de chacun des participants la flèche qui va à gauche...

Nous eûmes Moungar... Fidel Abdelkerim... Il était médecin... Mais les maladies tropicales, c'est toute une spécialité... et il en faut, de l'expérience, pour gérer les tropicalités... Si au début, Fidel avait voulu rester fidèle aux injonctions de la CNS, qui souhaitait un Premier Ministre

[8] Conférence Nationale Souveraine

de transition qui ne devrait pas être candidat aux futures échéances, quelques effluves de parfums contraires, de plus en plus envahissantes et venues du Congo, apportèrent des doutes. Idriss Deby, pas encore officiellement Itno à l'époque, était un maquisard. Et au double jeu, personne ne peut battre un maquisard, sauf à avoir été soi-même maquisard. Les rues de Paris ont cessé d'être des maquis depuis la Libération. Fidel fut débarqué... Et si la CNS ne fut pas encore enterrée, les premières élections pluralistes de 1996 allaient s'en charger...

Kamougue, général, ancien de tous les régimes, manqua de peu les marches du pouvoir. Entre lui, le désormais MIDI, et celui qui signait encore SK à l'époque, personne ne sait encore exactement ce qui s'était passé. Mais le pouvoir fut partagé. Et Bamina et la CNS furent définitivement enterrés... et les trois patrons firent semblant de travailler ensemble, pour le meilleur, et pour le pire...

Mais à ce jeu de cache-cache, certainement hérité de leurs lectures de Leuk Le Lièvre, le MIDI se révéla bien plus malin... Il endossa, à tour de rôle, le costume de chacun des personnages du fameux livre de Senghor et de Sadji, faisant mordre la poussière à chacun de ses adversaires...

Entre 1991 et 1996, il y eut des morts... La plus pénible, celle qui failli emporter le nouveau régime, fut celle de Me Behidi... Un assassinat crapuleux, organisé, planifié... Les réactions furent à la mesure des espoirs que la LTDH[9], encore jeune, mais déjà respectée, planta dans le cœur des Tchadiens...

Me Behidi ne fut pas tué par un vulgaire voleur... Il ne fut pas victime d'un dérapage. Il fut assassiné pour ce qu'il

[9] Ligue Tchadienne des Droits de l'Homme

défendait, ce qu'il représentait, ce qu'il aurait pu devenir. Il défendait la liberté d'expression, dans sa plus pure expression... Liberté de conscience, liberté de manifester, liberté de dire non... et le droit d'être entendu ! Or ce droit d'être entendu, c'était une incohérence, un caillou inacceptable dans la chaussure du pouvoir en place.

La démocratie a été contrainte par de multiples actions politiques, oui... Et elle n'a jamais été un cadeau...

Toutefois, je ne suis pas sûr que les actions militaires aient contribué à la rendre plus effective... au contraire...

Les résultats des actions militaires ont contribué à créer une culture de marchandage politique mortel sur le dos des Tchadiens, encourageant l'impunité, favorisant une contre-culture de la corruption, qui fait désormais partie de notre architecture sociale...

La majorité des actions armées contre le MPS l'avaient été pour des raisons de personnes... Et quand les anciennes amitiés devenaient inimitiés, on prenait les armes...

Aucun de ceux qui ont pris les armes ne l'avaient fait pour de bonnes raisons... À l'exception notable de Togoimi, peut-être... de Acheikh, certainement, et de Laokein et Kete Moise...

Le reste, je ne suis pas sûr de vouloir les ranger dans le panthéon des combattants de la liberté !

Les actions politiques et syndicales, et celles de la société civile ont forcé le MPS à céder du terrain... Les actions de la presse aussi... Et ces deux groupes, y compris le groupe des partis dont le MPS est obligé d'en devenir l'allié, ont fait beaucoup de bien aux Tchadiens : ils ont contribué à libérer la parole et à désacraliser le pouvoir... Ils tiennent le MPS en respect, et la démocratie continue de gagner du terrain...

A l'occasion des cérémonies du 1er décembre, les martyrs de la liberté d'expression comme Me Behidi, mais aussi les survivants des luttes civiles comme la LTDH, la CTTDH, doivent être honorés...

XVII

LES PAS VERS L'AVENIR….

Parler d'un Tchad de l'avenir ressemble à une provocation, une gageure…le pays est totalement désarticulé : le Tchad est en effet un pays sans administration, sans infrastructures, sans ossature. Il devient dès lors difficile de parler d'avenir. Pourtant, les raisons d'espérer existent bel et bien. Nous n'avons pas beaucoup, mais nous en avons. Regardons dans les détails ce que nous avons.

L'un des pays les moins peuplés d'Afrique, le Tchad a pourtant un grand potentiel inexploité dans l'agriculture, dans les ressources minérales et naturelles, mais aussi dans d'autres secteurs de l'économie comme le tourisme, l'artisanat, l'industrie et le monde culturel.

Une vision transformatrice pour le Tchad est donc tout à fait possible mais elle doit au préalable identifier clairement les batailles à gagner, les plus importantes. Ces batailles, au-delà de la politique, sont d'abord des batailles économiques et elles portent sur les restructurations nécessaires dans les secteurs suivants :

- Production et valorisation du pétrole et du gaz ;
- Production et transformation agricole et sylvo-pastorale ;
- Extraction et services miniers ;
- TIC ;
- Tourisme et développement industriel ;

Mais gagner ces batailles exige que des pré-requis soient obtenus. Chaque pré-requis représente un groupe de facteurs clés et autour desquels le gouvernement devrait se montrer sérieux, pragmatique et intentionnel. Ces pré-requis sont dans les domaines suivants :

- Éducation, formation, renforcement des capacités ;
- Gestion des secteurs pétroliers ;
- Stabilité politique/attractivité pour les investisseurs étrangers ;
- Cadre réglementaire et fiscal ;
- Infrastructures et production d'énergie.

Si le gouvernement s'efforce d'investir dans ces pré-requis, on serait en droit d'émettre les hypothèses suivantes : la transformation du Tchad devrait se concentrer sur l'industrialisation et la diversification de notre économie ; ceci est le principal levier pour réduire notre dépendance au pétrole et promouvoir une croissance inclusive.

Toutefois, le secteur pétrolier doit être restructuré en parallèle, car il est important pour le pays de pouvoir tirer un profit organique et structurel de cette ressource. Le programme dc transformation doit se concentrer sur la relance de la production pétrolière, de manière transparente. La poursuite des investissements dans le secteur pétrolier (nouveaux champs pétrolifères) devrait donc permettre d'en faire le moteur clé initial de la croissance économique, pour financer les dépenses du gouvernement, réduire le déficit budgétaire, mais aussi améliorer la gouvernance afin d'attirer des investissements directs étrangers tout en faisant la promotion de l'investissement interne. Les investissements dans le développement du secteur pétrolier requièrent de développer les infrastructures pétrolières nécessaires (pipelines, raffineries, etc.) et explorer la croissance des sous-produits.

L'autre facteur clé de l'économie est l'agriculture : avec moins de 5% des terres cultivées et 31 % de terres agricoles de premier ordre, l'expansion du secteur agricole devrait être une priorité clé (le secteur utilise environ 80 % de la population en âge de travailler en ce moment ; ce qui n'est pas tout à fait positif il faut le dire). Développer et formaliser le secteur agricole doit permettre d'assurer la sécurité alimentaire et faire croître les possibilités d'emplois décents ; mais ceci n'est possible qu'avec un investissement en termes de formations pour transformer la main-d'œuvre agricole en une catégorie de travailleurs professionnels. Le Tchad devrait accélérer les réformes du secteur de l'agriculture en adoptant un code agricole et foncier moderne qui devra clarifier le statut de la terre agricole, donner un statut professionnel à l'agriculteur, et protéger ses droits.

L'exploitation minière constitue une opportunité supplémentaire de transformation de l'économie nationale ; le pays est en effet riche en minerais divers, qui sont répartis à travers le territoire national. Les efforts gouvernementaux dans ce domaine ont été jusqu'à présent caractérisés par un grand manque de transparence, voire de professionnalisme, et le développement des mines anarchiques, l'attribution souvent par voie illégale de concessions d'exploitations.

Le flou entretenu volontairement par les acteurs nationaux du secteur, ont entraîné ces dernières années de véritables catastrophes qui se sont soldées par des massacres de masses, le dernier en date étant le drame du Kouri Bougoudi. Il est donc urgent de repenser la gouvernance du secteur minier dans son ensemble, et d'apporter transparence et professionnalisme, tout en traquant sans relâche toutes les pratiques mafieuses, souvent le fait des élites dirigeantes elles-mêmes.

Pour terminer, le secteur des télécommunications devrait aussi faire l'objet d'un examen minutieux, sérieux. Le marché est hautement sous-réétiqueté (mobile et fixe) et une réforme du secteur pourrait potentiellement avoir des conséquences positives majeures sur la croissance économique et l'ouverture du pays au monde.

Toutefois, engager ces réformes structurelles requiert que les cinq accélérateurs suivants soient l'objet d'une attention particulière du leadership politique et public national : éducation et formation, gestion et valorisation équitable des secteurs pétroliers, stabilité politique et climat d'investissement favorable, amélioration du cadre réglementaire, investissement dans les infrastructures et production d'électricité.

Les initiatives de transformation prennent du temps, d'où la nécessité d'une mise en œuvre progressive, impliquant tous les acteurs et se faisant de manière décentralisée et au niveau des régions qui en prendront le contrôle d'exécution. Ceci pourrait effectivement être possible avec un système décentralisé, et qui confie le pouvoir d'exécution et de contrôle des projets publics aux régions.

XVIII

QUE DIRE EN CONCLUSION ?

Construire le Tchad, c'est d'abord construire la JUSTICE...

Le Tchad appartient à tous les Tchadiens et à toutes les Tchadiennes. Toutefois, le Tchad est pris en otage par un groupuscule de personnes en provenance de toutes les ethnies et de toutes les régions et qui ont érigé le népotisme familial et clanique en modèle de gestion de la chose publique. J'appelle ce groupuscule la 172e ethnie tchadienne. Ses membres se reconnaissent. Ils et elles sont frères et sœurs, unis dans le mal et contre tous les Tchadiens.

Malheureusement, ces individus plutôt mal intentionnés, qui pillent les ressources publiques et entretiennent soigneusement leur clientèle sociale, prétendent parler au nom de leurs ethnies. En réalité ils parlent contre tous les Tchadiens.

Ce sont ces personnes qu'il faut mettre à l'index, qu'il faut dénoncer, qu'il faut clouer au pilori. Et ces individus mal intentionnés sont partout : ils sont Sara, Goranes, Moundang, Zahghawa, Marba, Mimi, Bilala, arabes, Kanembou... Ils sont Tchadiens, malheureusement…Ils font partie de la 172e ethnie... Une ethnie que chacun (e) de nous a contribué d'une manière ou d'une autre à construire. Qui pourra se jeter à l'eau et jurer au nom de Dieu, Allah ou les mânes des ancêtres qu'il/elle n'a jamais bénéficié d'un coup de main, d'un soutien quelconque, aussi dérisoire soit-il, et obtenus justement par les truchements du clientélisme social érigé en norme gestionnaire dans notre pays ?

Le clientélisme est devenu tellement normal que les plus jeunes aujourd'hui semblent penser qu'il s'agit d'un système légitime de gestion... Il est visiblement perçu et accepté comme le principal ascenseur social que notre État met à leur disposition !!!

Ces individus, qui viennent de toutes les ethnies du Tchad, cette 172e ethnie, a pris tout notre pays en otage. Ils trompent tout le monde et en premier lieu leurs propres communautés. Ces personnes ne représentent pourtant qu'elles-mêmes. Elles n'enrichissent qu'elles-mêmes. Elles ne servent que leurs propres personnes et leurs propres familles et leurs clientèles sociales.

Et malheureusement, nos organisations sociales construites sur des bases solidaires tribales ont tendance à protéger les voleurs à partir du moment où ces voleurs viennent de nos ethnies. Il est rare qu'un Zaghawa dénonce un autre Zaghawa qui vole. Il est rare qu'une Sara Kaba dénonce un autre Sara Kaba qui vole. Il est rare qu'un Moundang dénonce un autre Moundang qui vole. Il est rare qu'un Arabe dénonce un autre Arabe qui vole. Il est rare qu'un Kanembou dénonce un autre Kanembou qui vole. Et je peux continuer ainsi plus de 150 fois, citant les noms de toutes nos ethnies. Et je peux continuer ainsi plus de mille fois, citant les noms de toutes les tribus et de tous les clans, tous les ***khachoum bet*** qui constituent nos ethnies.

La solution au mal vivre des Tchadiens ? Une justice indépendante et non corrompue. Une justice capable de s'attaquer de manière frontale et sans parti pris à tout

Tchadien et toute Tchadienne qui vole, qui détourne les fonds publics, qui tue...

La solution à tout le mal vivre tchadien, c'est aussi l'égalité devant les opportunités. Une égalité basée sur la compétence, l'honnêteté intrinsèque de chaque candidat à un poste public, une bourse d'Etat, une aide publique.

Justice et équité, ce sont les solutions.

Le jour où un juge Gorane acceptera de faire une enquête indépendante sur un fonctionnaire Gorane accusé de détournement de deniers publics, le jour où un juge Sara acceptera de conduire une instruction transparente et sans parti pris contre un Sara accusé d'un délit, mais aussi le jour où un Juge Kanembou dira le droit de manière juste contre un Zaghawa ou un Sara, le jour où un juge Moundang interprètera la loi avec la même efficacité et la même vigueur contre un Moundang et contre un Mimi, ce jour-là nous aurions accompli le premier pas.

Le jour où le directeur des bourses Zaghawa tranchera en faveur d'un Sara compétent, le jour où le directeur de Département Niellim tranchera en faveur d'un Kenga compétent, ce jour-là nous aurons accompli le premier pas...

Mais pour accomplir tout ça, notre premier combat, c'est le combat pour renforcer nos institutions, pour les rendre solides, indépendantes et professionnelles. Le combat pour construire la JUSTICE.

Tant que l'institution publique, c'est-à-dire l'Etat, restera en situation de faiblesse, le tribalisme, l'ethnocentrisme et le racisme national ne feront que grandir. Il n'y a que l'Etat qui peut construire et garantir la justice et l'équité. Et pour cela, cet État doit être solide. Et pour construire cet État solide et juste, il faut le professionnaliser, en professionnalisant son fonctionnement.

Pour l'instant malheureusement, cet État est faible et incompétent. La forme de l'Etat est un consensus de l'histoire. Les cantons suisses étaient indépendants les uns des autres. Mais l'histoire, et aussi des intérêts communs les poussèrent à se mettre ensemble. Les États-Unis ont opté pour un système fédéral parce que les conditions historiques qui avaient prévalu à leur création ne pouvaient pas tolérer un autre système.

Le fédéralisme nigérian avait été décidé par Londres à la suite de l'expérimentation du système du gouvernement indirect. L'Afrique du Sud choisira le fédéralisme sans l'appeler fédéralisme, au moment de leur libération en 1994, parce que le pays était déjà plus ou moins découpé en bantoustans...

Le plus important dans un processus de formation ou de réformation de l'Etat, ce sont les éléments d'équilibres. Les éléments d'équilibres existent aussi dans les systèmes extractifs.

Trente ans de désordre. Il y a eu des massacres, mais il y a eu surtout le massacre économique. Et ce massacre économique a plongé aujourd'hui 6,5 millions de Tchadiens dans l'insécurité alimentaire, cassé le niveau scolaire, détruit le système de santé, détruit le secteur privé et commercial, accru la corruption. Le massacre politique a créé l'insécurité, détruit la fonction publique.

Le massacre culturel a divisé le pays en des centaines de factions qui se détestent.

Le Tchad n'est certes pas le seul pays qui ne marche pas bien. Mais doit-on nécessairement se comparer au Gabon, ou encore à la RCA, ou même au Laos ou au Bangladesh ?

Non !

Nous devons penser d'abord à nous-mêmes. Nous avons fait la guerre, comme beaucoup d'autres. Mais les autres ont quitté la guerre et reconstruit ou construit leurs pays.

Je ne trouve personnellement aucune excuse à Deby. Il est l'unique responsable de ce qui nous arrive. Comme Habré était responsable des dérives de son règne, Deby doit aussi être tenu responsable de son règne. Et il a mal régné. Ni l'environnement, ni son entourage, ni les pressions extérieures ne doivent être prises pour excuses pour l'excuser. C'était un chef d'Etat, et de la part d'un chef d'Etat, on n'attend pas moins que ce que nous demandons : leadership, respect, et vision, mais aussi éthique et valeurs.

Comment pourrons-nous nous sortir de ce guêpier dans lequel nous vivons depuis 30 ans ?

Il faut reconstruire, et surtout reconstruire un nouveau contrat social. Un contrat social qui engage les citoyens et leurs leaders. Un contrat social qui se construit sur l'oubli des dictateurs. Les acteurs politiques et la société civile joueront ce rôle de construction du contrat social.

Il faut ensuite mettre la pression pour reconstruire l'administration publique. La moderniser, ramener l'éthique à son centre. Mais cela requiert d'abord du leadership. Un leadership différent.

Il faut ramener les citoyens au centre du jeu; des jeux. De toute façon, les citoyens n'attendront pas. Ils viendront. Ils s'imposeront. Et la démographie, à cause justement de l'état de délabrement économique dans lequel vit notre pays, délabrement économique qui est lui-même le résultat d'une absence de gouvernance, absence de gouvernance qui est la conséquence des actes d'un homme seul, c'est-à-dire Deby, ce délabrement économique, social, politique, moral et culturel va accélérer l'explosion d'une bombe, la bombe J.

Nous avons désormais deux choix : préparer le terrain, tous ensemble, je veux dire les élites, travailler tous ensemble pour mieux bénéficier des effets positifs de la jeunesse, qui est une opportunité.

Ou alors nous ne faisons rien, nous refusons de prendre de la hauteur, nous refusons d'être aigles, nous continuons dans les pratiques politiques maléfiques, et la bombe J explosera, méchamment. Le Tchad est un pays potentiellement génocidaire. Et la bombe J signera cette explosion, qui pourrait être fatale.

Reprenons-nous, engageons-nous, poussons dehors ceux qui doivent être poussés dehors, et réunissons ceux qui doivent être réunis.

Trente ans de désordre. Il y a eu des massacres, et beaucoup de massacres économiques. Et ce massacre économique a plongé aujourd'hui 6,5 millions de Tchadiens dans l'insécurité alimentaire, cassé le niveau scolaire, détruit le système de santé, détruit le secteur privé et commercial, accru la corruption. Le massacre politique a créé l'insécurité, détruit la fonction publique. Le massacre culturel a divisé le pays en des centaines de factions qui se détestent. Le Tchad n'est certes pas le seul pays qui ne marche pas bien. Mais doit-on nécessairement se comparer aux autres qui ne réussissent pas leur transformation ?

Non !

Nous devons penser d'abord à nous-mêmes. Nous avons fait la guerre, comme beaucoup d'autres. Mais les autres ont quitté la guerre et reconstruit ou construit leurs pays.

Je ne trouve personnellement aucune excuse à Deby. Il est l'unique responsable de ce qui nous arrive. Comme Habré était responsable des dérives de son passage à la tête du pays, Deby doit aussi être tenu responsable des errements qu'il a fait subir à notre pays. Et il a mal gouverné. Ni l'environnement, ni son entourage, ni les pressions extérieures ne doivent être prises pour excuses pour l'absoudre. C'était un chef d'Etat, et de la part d'un chef d'Etat, on n'attend pas moins que ce que nous demandons : leadership, respect, et vision, mais aussi éthique et valeurs.

Comment pourrons-nous nous sortir de ce guêpier dans lequel nous vivons depuis plus de 30 ans ?

Il faut reconstruire, et surtout reconstruire un nouveau contrat social. Un contrat social qui engage les citoyens et leurs leaders. Un contrat social qui se construit sur l'annihilation de toute tentative d'accaparement du pouvoir par la force. Les acteurs politiques et la société civile joueront ce rôle de construction du contrat social.

Il faut ensuite se retrousser les manches pour reconstruire l'administration publique. La moderniser, ramener l'éthique à son centre. Mais cela requiert d'abord du leadership. Un leadership différent.

Voilà…

Structures éditoriales du groupe L'Harmattan

L'Harmattan Italie
Via degli Artisti, 15
10124 Torino
harmattan.italia@gmail.com

L'Harmattan Hongrie
Kossuth l. u. 14-16.
1053 Budapest
harmattan@harmattan.hu

L'Harmattan Sénégal
10 VDN en face Mermoz
BP 45034 Dakar-Fann
senharmattan@gmail.com

L'Harmattan Cameroun
TSINGA/FECAFOOT
BP 11486 Yaoundé
inkoukam@gmail.com

L'Harmattan Burkina Faso
Achille Somé – tengnule@hotmail.fr

L'Harmattan Guinée
Almamya, rue KA 028 OKB Agency
BP 3470 Conakry
harmattanguinee@yahoo.fr

L'Harmattan RDC
185, avenue Nyangwe
Commune de Lingwala – Kinshasa
matangilamusadila@yahoo.fr

L'Harmattan Congo
67, boulevard Denis-Sassou-N'Guesso
BP 2874 Brazzaville
harmattan.congo@yahoo.fr

L'Harmattan Mali
ACI 2000 - Immeuble Mgr Jean Marie Cisse
Bureau 10
BP 145 Bamako-Mali
mali@harmattan.fr

L'Harmattan Togo
Djidjole – Lomé
Maison Amela
face EPP BATOME
ddamela@aol.com

L'Harmattan Côte d'Ivoire
Résidence Karl – Cité des Arts
Abidjan-Cocody
03 BP 1588 Abidjan
espace_harmattan.ci@hotmail.fr

Nos librairies en France

Librairie internationale
16, rue des Écoles
75005 Paris
librairie.internationale@harmattan.fr
01 40 46 79 11
www.librairieharmattan.com

Librairie des savoirs
21, rue des Écoles
75005 Paris
librairie.sh@harmattan.fr
01 46 34 13 71
www.librairieharmattansh.com

Librairie Le Lucernaire
53, rue Notre-Dame-des-Champs
75006 Paris
librairie@lucernaire.fr
01 42 22 67 13

www.ingramcontent.com/pod-product-compliance
Lightning Source LLC
LaVergne TN
LVHW010022081026
849535LV00016B/2919